游戏大王的高情商育儿法

刘勇赫 著

电子工业出版社
Publishing House of Electronics Industry
北京·BEIJING

未经许可，不得以任何方式复制或抄袭本书之部分或全部内容。
版权所有，侵权必究。

图书在版编目（CIP）数据

游戏大王的高情商育儿法 / 刘勇赫著 . —北京：电子工业出版社，2021.7

ISBN 978-7-121-41280-6

Ⅰ. ①游… Ⅱ. ①刘… Ⅲ. ①亲子教育 Ⅳ. ① G781

中国版本图书馆 CIP 数据核字（2021）第 105848 号

责任编辑：胡　南　　文字编辑：李楚妍
印　　刷：三河市鑫金马印装有限公司
装　　订：三河市鑫金马印装有限公司
出版发行：电子工业出版社
　　　　　北京市海淀区万寿路 173 信箱　邮编：100036
开　　本：880×1230　1/32　印张：7.5　字数：185 千字
版　　次：2021 年 7 月第 1 版
印　　次：2021 年 7 月第 1 次印刷
定　　价：59.00 元

凡所购买电子工业出版社图书有缺损问题，请向购买书店调换。若书店售缺，请与本社发行部联系，联系及邮购电话：(010) 88254888，88258888。

质量投诉请发邮件至 zlts@phei.com.cn，盗版侵权举报请发邮件至 dbqq@phei.com.cn。

本书咨询联系方式：(010) 88254210，influence@phei.com.cn，微信号：yingxianglibook。

谨将此书送给

序

情商高的孩子更幸运

"人受一句话,佛受一炷香。"这句俗语劝诫人们要有口德,不要出口伤人。现如今你会发现,有口德成为一种能力,是情商高的体现。从一个人的嘴里说出来的话,不仅不应伤人,还应利人;不仅可以利人,还可以利己。口德其实就是一个人的沟通能力,学会沟通,不仅可以消灾,更可增福。情商教育在传统的学校教育中并不多见,但对孩子的未来生活影响深远。既然它有利于祖国下一代的成长,我觉得有必要拿出来和大家谈一谈。

瑞士教育家裴斯泰洛齐曾经说,妈妈是孩子未来一切人际沟通的理想典范。这句话里渗透了亲子关系的智慧,也道出了沟通能力的秘诀。在早期教育中,亲子关系是人际关系的基础。一方面,妈妈作为家庭教育的主要人物,向孩子传递生活经验与社会经验,为孩子一生的安全感与幸福感奠定基础,靠的就是亲子沟通;另一方面,妈妈通过亲子游戏、亲子运动、亲子阅读、家庭事务讨论、家务劳动等方式提升孩子的独立能力与生存能力，这也属于亲子沟通。妈妈的重要性，不言而喻。

有些人会说，那爸爸岂不是百无一用？其实不然，爸爸是政策的解读者、行为的示范者和关系的协调者。通过一个例子，大家可以明白夫妻合作育儿的要义：

周五晚上九点半，爸爸和孩子在卧室的床上玩亲子游戏，妈妈突然闯了进来，对着他们说："干吗呢？怎么还不睡觉啊？都几点了？"当着孩子的面，爸爸会怎样和妈妈沟通呢？常见的情况可能有以下三种。

1. 积极对抗型："你懂什么啊？这叫亲子互动，对孩子帮助很大！"

2. 消极对抗型："就玩一会儿，好不容易今天不加班，就让我多陪陪孩子吧！"

3. 消极接受型："看见没有？你妈不让玩！不是我不陪你啊！"

每逢我在讲座中讲到这个例子，台下的妈妈们都会捧腹大笑，一问，大多数人会说："我家先生就是第三种类型的。"我说："很高兴告诉您，您先生的情商还有很大的提升空间。"那么，到底应该怎样提高育儿情商呢？我还给台下的妈妈们做了示范。爸爸应该这样说——

"我觉得妈妈说得很有道理，咱们玩了半天，也累了，咱们现在好好休息，明天才有精力出去玩，对不对？"一边说一边打哈欠，最后还要补充一句："妈妈做什么都是为咱们好！"这就是我说的"政策的解读、行为的示范和关系的协调"。这样一来，妈妈一定不会生气。妈妈在孩子心中的权威形象建立了起来，夫妻关系和亲子关系和谐，这就是优质沟通带来的幸福。我之所以举这个例子，其实也是想说，夫妻关系先于亲子关系。如果父母的情商低，那么他们往往很难培养出高情商的孩子。

说到亲子沟通，不得不提我这些年的研究。我做了10年的教育实践研究，同时也做了10年的自媒体人。独立实践、独立治学、独立推广，这个"独立"从来都不孤独，因为我每天都会收到来自全国各地的家长的求助信。但是这个"独立"的影响范围仍然有限，毕竟，这个时代是一个合作共赢的时代，只靠一个人，助人能力是有限的。直到2019年4月，我与之前一同在人民大学读书的学弟，同是中国民主同盟盟员的李强老师一见如故，我们针对教育、出版与文化传媒一共交流了3个小时，最后一拍即合，成立了勇赫童书会。我们都认为，沟通在教育、学习与儿童成长中有着非常重要的作用，并提出了我们的口号：在游戏中交往，在阅读中沟通——在亲子教育中，游戏、玩具、书本都不是第一位的，亲子关系才是第一位的。我们应该借助知识的载体，提高自己的育儿情商，再通过高情商的育儿方法来提升孩子的想象力、理解力、创造力与表达力等综合能力。

勇赫童书会围绕沟通力的培养，开设了一系列亲子教育培训课程，受到了来自全国各地的教育机构负责人、中小学校长及家长们的欢迎。其中，有一位集音乐、绘画、口才于一身的美女阅读推广人洪宇老师脱颖而出，也加入了勇赫童书会。我们怀抱着对教育的热情，让勇赫童书会的品牌被越来越多的机构和家庭所熟识。

感谢我的合伙人李强老师、洪宇老师，希望我们的梦想能够早一天实现。希望我们可以让更多的孩子接受真教育，让更多的孩子成为受人欢迎的高情商人才。

谨以此书献给包括家长、教师在内的教育工作者们。希望本书能够给大家提供一些切实可行的高情商育儿的技巧与方法，从而让孩子们爱上表达，善于沟通！你一定会发现，高情商的孩子更幸运！

目录

01
游戏大王的育儿之道——典范教育

父母是孩子的"模特"	2
站在孩子发展的角度教育孩子	5
你是一个会问问题的家长吗	8
什么样的家长具备良好的育儿潜质	12
夫妻关系与亲子关系	15
孩子最需要陪伴的 8 年该怎么做	20
抛开家长身份的教育	23
早教有分工,父母都轻松	26
家长要做孩子的贵人	30
家长需要了解的孤独症前沿知识	36
你有教育吸引力吗	41

02

了解孩子是教养的前提——因材施教

天生的气质类型决定教养方式	46
早期社交训练需要考虑孩子的气质类型	51
父母就是孩子的心理咨询师	57
你的宝宝是难养型还是易养型	63
积极看待孩子的缺点	66
你的这句话是引导还是误导	68
每个孩子都有一棵成长树	74
每个孩子都有一个幻想的朋友	78
偏科如偏食,家长莫轻视	85
孩子的潜能开发关键期是什么	91
一个苹果就能让孩子自己站起来	94

03

培养高情商的桥梁——亲子共读

手机正在蚕食你的亲子关系	98
从《小兔汤姆》看法国育儿文化——文化阅读法	101

如何科学地进行亲子阅读	104
六步亲子阅读法	106
从来没有天生爱读书的小孩	109
用一个硬币教孩子写作文	112
儿童阅读与潜能开发	117
绘本与早期教育	119
读书就像交朋友	125
阅读的诀窍	129

04

维系良好关系的秘方——亲子游戏

从模拟厨具看亲子游戏	134
与马未都先生聊亲子游戏	137
全家人可以一起玩的游戏	140
每一个家长都应该成为亲子游戏达人	143
爸爸如何陪孩子一起玩	145
玩具熊深夜找父母谈话	148
用亲子游戏进行数学启蒙	151
通过 4 个亲子游戏培养孩子的行为习惯	154

05

"互助式"家庭教养模式，养出高情商孩子

反向家庭教学法	160
到底和要孩子聊什么	163
不如教孩子生存之道	169
亲子电影让家长看到孩子的成长	172
培养孩子的国际化视野	175
我的宝宝是专家宝宝还是管家宝宝	181
协助孩子而非犒劳孩子	184
中国家长为什么不让孩子做家务	191

06

高情商沟通教练式案例分享

用你拥有的，追求你没有的——全景教育观	198
4招让孩子主动和人打招呼	202
5招向孩子传递社会经验	205
如何让孩子远离嫉妒心理	209

和 4 岁女儿谈缘分	213
向孩子道歉很重要	216
孩子口出"流星雨",家长引导莫着急	218
怎么和有网瘾的孩子沟通	221
如何开展防性侵教育	224

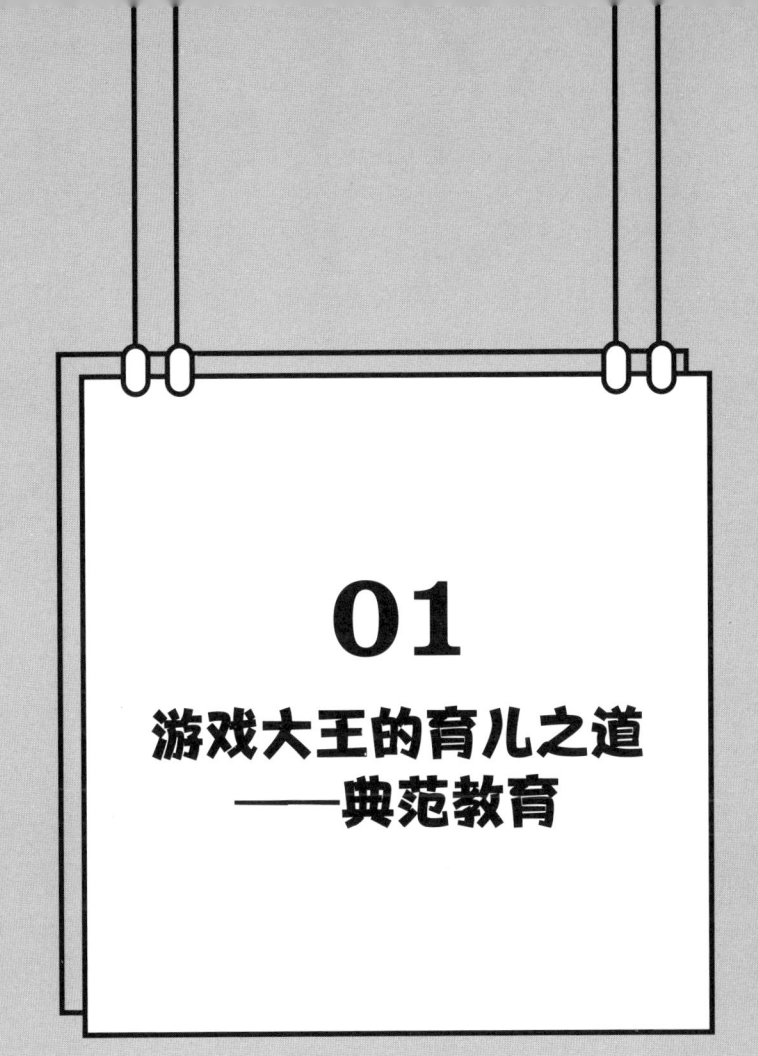

01
游戏大王的育儿之道
——典范教育

父母是孩子的"模特"

通过总结过去十几年的教育实践经验,我提出了ROMP亲子教育理论,R是理性教育(Rational education),O是客观教育(Objective education),M是典范教育(Model education),P是积极教育(Positive education)。今天,我们来谈谈典范教育。

一些朋友在切换电视频道的时候,如果发现T台走秀的节目,也许会不经意地停下来看一眼。在华丽的走秀场上,一个个身材标准、长相标致、气质脱俗、服饰时尚、步调高雅的模特映入你我的眼帘。在最初的几秒,你会情不自禁闪过无比羡慕的神情:"他们怎么那么漂亮?"过后马上又自我宽慰:"嗨!其实就是人靠衣服马靠鞍!""反正这衣服我也买不起,也没什么可羡慕的。""这就是他们的职业需要,我和他们比什么呀?""谁还没年轻过啊!"……也许不到半分钟的时间你就换频道了,心里却经历了一番丰富而复杂的情绪变化,盗用现在一句流行的话来说就是"羡慕嫉妒恨"。

为什么我们会被模特的外在吸引？是因为他们确实在外貌，或者说至少在外貌上是普通人的典范。人会在生活中下意识地关注比自己条件优越的人，并不自觉地与这个人进行比较与靠拢，我们称之为"模特效应"。这一点，我们经常在十六七岁的少年追星族身上看到，其实作为成年人的我们又何尝不是如此？我们大多都被叱咤风云的政治人物、运筹帷幄的商业巨贾、光鲜亮丽的明星大腕的魅力所吸引，他们似乎成了我们遥不可及却又向往不止的榜样。

我们心中的"模特"和我们接触的环境以及媒体的影响都有很大的关系，这些"模特"的榜样作用并不都是长久的，而有两个人的地位却始终不会动摇，他们的影响远远大于那些风云人物，他们就是我们的父母。

对孩子来说，父母就是他们一生的"模特"。以我为例，我的父母在我很小的时候就开始从事个体经营。他们对我的教育夹杂了很多自由、民主的思想，在日常生活中也会教我如何与人打交道、如何取得对方的好感与信任。我爱人的父母都在机关工作，她和她父母一样，都是中规中矩、踏踏实实工作的人。再比如，历史上三国时期令人称道的名将关羽、张飞，他们的儿子关兴、关平、张苞也都成为蜀国后期的统帅，也可算是一代英豪。当然，现实生活中没有那么多像"关羽、张飞"这样的英雄式父母，大多数的父母都是普通人，但是每个父母都尽可能地为孩子提供最好的物质条件、人脉网络和发展机会，这点不容置疑。也许你会觉得我不是富豪，也不是成功人士，那我的孩子是不是注定平庸？不对！如果真的是这样，我就不会再做亲子教育了！亲子教育的前提，便是我们要对自己有信心，我们爱我们自己，相信我们能成功，在承认自己的不足的同时，也肯定自己的经验，并将这些良莠一并告诉我们的孩子，让他们得到最好的发展。要知道，李嘉诚的父亲也只是一个普通人而已。

还有一个例子，我觉得非常有趣。上古有三皇五帝，他们有才、有德、有情、有义，甚至被描述为神灵！他们有没有烦恼？同样有！比如尧帝的儿子丹朱不务正业、游手好闲，让尧感到很苦恼。尧作为"五帝"之一，其贡献有目共睹，他的儿子怎么就学不到分毫呢？一日，尧在黄河岸边一边思考着国政，一边拨弄着石子，突然灵感袭来，他画了几条横线竖线，从这纵横交错中，他似乎悟出个中乐趣与治国之道极为相似，于是便发明了围棋。他像个兴奋的少年一样跑回家去，没有教训儿子，而是耐心教儿子玩这种游戏。丹朱一下子被游戏所吸引，开始潜心学习围棋。尧帝可谓亲子教育的大师，他不仅身教在先，还巧用方法循循善诱。可以说，他就是家长们的典范。

其实，我们每个父母都可以成为孩子的"模特"，也应该成为孩子的典范。

站在孩子发展的角度教育孩子

前些年我一直在海淀区的一所学校做田野研究，我发现当前的基础教育依然存在着一个严重的问题，这个问题在我还是小学生时就已经出现了。那就是教育角度的偏颇。你有没有发现，我们的家长、教师、校外教育工作者都在看书、接受培训、甚至咨询专家，每一个教育者似乎都在自我训练，以提高"教育水平"，然而真正到了教学一线，他们却将教育者的身份放到了第二位，而把管理者的身份放到了第一位。你会经常听到他们说孩子不好管理，根本不听话。于是，把孩子管理成一个听话的人反而成了教育的第一目的。

孩子真的不听话吗？其实不是，是你根本没有对话与他切身利益或兴趣爱好相关的话题。我的经验告诉我，如果给孩子举例子，一定要是孩子们在生活中熟悉的和喜爱谈及的话题，比如动漫主角或文体明星；如果讲道理，一定要和孩子们身心的发展甚至未来的命运紧密相连，比如"这么做你会得到什么样的生活，你会变成什么样的人"。

一个班主任早上 7 点半来到教室，班里的卫生没有问题，班里的纪律没有问题，班里的学习可能也没有问题，可老师却总绷着脸，一副高高在上的姿态。孩子们心里面会怎么想呢？强制之下，孩子们变成了学习的顺从者，他们因为面对强势者而收敛。

即便得到了夸奖，他们也失去了思考的主动性、自信心以及对生活的热爱。

记得有一次，某学校小学部邀请我做国旗下的演讲。这是我有生以来第一次在国旗下演讲，上学期间我算不上优秀的学生，一直都没有机会在国旗下演讲。那天我讲的主题是"卫生习惯与个人成才的关系"。这所学校的小学部和中学部一直在抓卫生，主要的惩罚方式是扣分。为什么要扣分呢？一方面，督促大家改正，注意卫生；另一方面，不扣分就无法评选出优秀班集体。从这个初衷来看，教育者依然是站在了管理者的角度教育学生，而不是站在学生个人发展的角度教育学生。演讲一开始，我先夸赞了一下在场学生们的表现。我说："我认为我们小学生的卫生比中学生的卫生情况好很多！"这是实话，当然也是为了让孩子们能够放松一下。我给大家讲了卫生检查的5个死角，只要处理好这5个死角，卫生评比就不会出现问题。这5个死角包括教室后方铁柜上方的保洁，垃圾桶周围的卫生，窗台的整洁，多媒体设备的卫生及班级门口附近的卫生——这是在教给孩子们处理问题的方法，也是与他们的学习生活息息相关的。

接下来是我的重头戏。我分享给他们我在研究生期间做"卫生习惯与个人成才的关系"方面的研究时，看过的一则故事。事实上，孩子们很喜欢听故事，多大的孩子都是一样的。"有这么一个全球顶级的公司，员工工资高，环境好，福利也不错，还有休假，你们想不想去啊？"这一问，打破了现场庄严的升旗仪式般的肃静。"想！"大家的注意力瞬间都集中到了我这里。我笑着说："我也想。有一天，这个公司招聘人才，让大家到五楼面试。面试的人都穿戴整齐，陆续向五楼走去。就在楼道第三层的地方，有一个衣着脏兮兮的老人坐在楼梯上。每个面试的人经过，他都要向对方扔一个脏纸球。你们说他讨厌吗？"

"讨厌！"学生们又一次异口同声。你要知道，和孩子们在一起，一定要给他们表现的机会，哪怕只是简单的互动。

"这些来参加面试的人素质很高，没有骂老人，也没有打老人，他们都绕过去，直奔考场。到了最后，只有一位求职者，他把纸球捡了起来，并问老人：'您需要帮助吗？'老人眼睛一亮，坚定地说：'你被录用了！我就是这个公司的董事长。'"

当我讲到这里的时候，学生们"哦——"的一声，惊叹不已，我的内心得到了极大的安慰与鼓励，因为我知道他们一直在专心听我讲，我并不是一个严肃或粗暴的演讲人。我接着讲我的故事：

"您不考核我吗？"求职者不解地问老人。"你讲究卫生，说明你是一个对自己行为负责的人，对自己行为负责也一定会对公司负责，我需要这样的下属！"

故事讲完，我接着说："孩子们，个人的卫生习惯决定了个人未来发展的好坏，如果等你20多岁才意识到这一点，那肯定为时已晚，因为你已经很难做出改变了。好的卫生习惯可以给你带来健康，让你坚持追求卓越，使你赢得好的人缘，甚至会给你带来好的运气。"

最后,我又告诉学生们个人与社会的关系——有些大人总是抱怨环境卫生差,而他们自己却乱丢垃圾。只有我们都管理好自己的卫生习惯,环境才能更加干净整洁。

我的演讲获得了老师尤其是孩子们的热烈掌声,其实并不是因为我讲了多么高深的知识,而是因为我站在孩子发展的角度来教育孩子,没有站在管理者的角度教育孩子。

家长与孩子进行交流的时候,要想让孩子改变行为,让交流起到很好的教育效果,就一定要从孩子自身发展的角度出发,否则一定事倍功半。

你是一个会问问题的家长吗

很多家长,往往自认为有丰富的生活阅历,在进行幼儿教育时肯定会毫无压力、得心应手。实际却是:教了便忘,教三次,忘三次,这就是我们早期常见的"无意义教育"。有一些家长仅仅让孩子记住知识,并以为记住了知识便是赢在起跑线上。然而,单纯教知识就是狗熊掰棒子,掰一个,丢一个,孩子并没有找到自主探索的乐趣,没有获得自主收获的成就,没有养成自主学习的习惯。总之一句话,孩子没有通过你的教育获得能力。因此,

01 游戏大王的育儿之道——典范教育

我经常在亲子教育讲座中，给家长们讲：在孩子 0～6 岁的成长积蓄期时，要对孩子进行 9 大能力的培养，培养的方式主要是采取亲子游戏与亲子阅读等互动形式。"少教多问"是一种高效的亲子沟通形式，这种模式对于提升孩子的思维水平与表达能力有着非凡的意义。我们以亲子阅读为例，传统的方法是照着书给孩子讲故事，而科学的育儿方法则是：先问几个问题，吸引并启发孩子思考——"你最喜欢这一页当中的哪个小动物呢？""你看看这个小动物穿着什么样的衣服呢？"你会发现孩子很容易找到自己喜欢的内容，并因为自己喜欢的一个故事角色，而对整本书的阅读产生兴趣。我把孩子感兴趣的点称作"兴趣源"，兴趣源就是我们教育的起点与最重要的教育资源。简单来说，学会问，就是学会了教育。

在学习知识、培养能力之前，还有一项必做的准备工作，它的重要性甚至超过了学习本身，那就是对于学习者的全面了解。我在 2007 年的心理月刊《拥抱》中写过一篇文章《先了解孩子，再教育孩子；先改变自己，再改变孩子》，文中强调了一个心理学的重要理念：了解你自己，会获得幸福，设置自我概念，会获得成功。因此，无论是教育者，还是学习者，都要首先充分了解自己，而教育者还需要充分了解学习者。当然你可以用一个现在比较时髦的词——"学情分析"来概括，我觉得基础教育在这方面做得还远远不够。如何了解学习者呢？我曾不厌其烦地回答过至少 10 位提同样问题的家长——观察与问询。说到这里，我想给大家讲一个游戏故事——"大记者与小明星"。

我很喜欢角色扮演，我的女儿千慧也特别喜欢，我们曾经扮演过一对对相对角色，如教师与学生、卖家与顾客、医生与病人……让人惊诧的是，我扮演的一直都是"受方"，即学生、顾客及病人。女儿是摩羯座，所以她很愿意扮演主动承担责任的"女汉子"。作为一个亲子教育工作者，我觉得应该实现对于孩子的密集提问，从而了解孩子的现状，从中发现孩子的兴趣源与潜能，然后在每年同一时间进行重复操作，再将结果进行比较，总结出孩子的兴趣发展曲线。一天，我忽然想到明星接受记者采访时的情形，便有了灵感，通过表演一段采访的形式，对女儿进行密集提问，从而自然地了解到孩子的信息。

正如戈夫曼的拟剧论所言，我们要在后台做好准备，在前台去扮演我们想要扮演的那个角色。我左手捧着一个精致的笔记本，右手紧握一根签字笔，头部微微上扬，摆出一副追随者的姿态——再看看另外一边，千慧穿着公主裙，戴着儿童墨镜，仰着头坐在沙发上，一副来者不拒、胸有成竹的模样。我模仿记者的样子，做好开场白，以求创设更加真实的情境。"您好，千慧，非常荣幸采访您，我是娱乐头条的记者，我可以向您提问几个问题吗？"问完之后，千慧看了我一眼，故作慷慨地说道："好吧，你问吧！"

在采访中，我向千慧询问了其姓名、性别、年龄、家庭成员等基本情况，这些问题较为简单，恰好作为预热；接下来，我问了她一些个人生活兴趣的问题，包括她最喜欢的蔬菜、最喜欢的水果、最喜欢的朋友、最喜欢的衣服、最喜欢的图书、最喜欢的颜色……当听到她斩钉截铁的答案时，我才发现我对她知之甚少。当听到她说出两个我似乎没听说过的新的男性朋友的名字时，我感到有一丝紧张。我认真地记录着，准备等妈妈、爷爷、奶奶回来之后，向他们提问，检验一下他们对于孩子的了解。

在所有的问题当中，有一道题目比较特别，是每一位明星几乎都会遇到的问题——最喜欢身体的哪个部位？当千慧说出答案之后，我大跌眼镜，让我猜10次也不一定猜得到她说出的答案。下午，妈妈、爷爷和奶奶陆续回到家中，我召集大家坐好，开展了一场成人间的知识竞赛，我扮演了主持人，而千慧则扮演了最终公布答案的"专家"。我问了几道题，没有一位选手可以全部答对。尤其是问道"最喜欢身体的哪个部位"时，爷爷说眼睛，奶奶说眉毛，妈妈说嘴巴，我说手……究竟谁的对，还得问专家！这个时候，4个大人的4双眼睛齐刷刷地看向千慧，千慧皱了一下自己的眉毛，认真地纠正道："都不对，我最喜欢的部位是我的肚子！"话音未落，我们哄堂大笑。大笑之后，家人们也开始反思自己对于孩子的了解远不及对于知识的了解。作为新手爸妈，我们需要深入了解孩子的全面信息。我突然想起来，千慧在晚上的时候，总希望妈妈能够抚摸着她的肚子哄她睡觉，所以肚子对于她来说意义非凡。

提问孩子，敢于接受孩子的不同答案，可以从不同的角度给孩子指导与帮助。

什么样的家长具备良好的育儿潜质

"我希望我的孩子学舞蹈！"妈妈说。

"你看她的手指多么长，她应该学钢琴！"爸爸说。

"我觉得要让孩子学跳水！将来得个奥运冠军！"姥爷说。

"她应该从小和我学炒股！成为理财专家！"奶奶说。

围着刚刚出生不到两个月的千慧，家人们笑呵呵地谈论着梦想与期许。一开始大家只是蜻蜓点水地发表意见，后来就开始引经据典，从各抒己见到各执己见，每个人都打着关心千慧成长的名义，为千慧制订着一个个成长计划。这个时候，千慧左瞅瞅，右瞅瞅，时而轻轻翘起嘴角，时而用力挤挤眉梢。她听不懂大家的讨论，但是她从来都对热闹表示欢迎，她在耐心地等待着大人们争论的结果……

当然没结果！家人们的心情千慧不能理解，但是千慧的心情可能也没有被家人们理解。家人们谈得更多的不是孩子的梦想，而是自己的梦想。但谁又知道将来千慧会想什么呢？她也许想成为总统，也许想成为普通人，也许什么也不愿意去想……

我有时候想，亲子教育就是对孩子梦想的干预。干预得好，梦想会实现；干预不好，梦想会破灭。这是多么有意义的一项事业啊！今天，我不想谈如何干预的问题，而是想谈谈什么样的家长更容易帮助孩子实现梦想。有钱的？有名的？有权的？有势的？若有这些，当然最好，因为它们可以成为孩子成长路上有利的资源。但大多数的家庭不具备这些资源。尽管如此，我们仍然可以让孩子接近他们的梦想。靠什么呢？靠的是亲子教育，靠的是父母引导，靠的是一种生活品质——兴趣广泛。

兴趣广泛的人会有一些类似的特点，比如热情、友善、善于沟通、适应能力强、情绪稳定、反应快、好奇心强等，他们往往是公司、单位的"红人"，有他们的地方就有幽默和欢声笑语。在大量的家庭教育案例中，我们发现兴趣广泛的家长，往往可以培养出优秀的孩子。原因有以下几点：

1. 好奇心的培养。兴趣广泛的家长好奇心很强，他们会对很多跨领域的内容感兴趣。在言谈举止之间，给孩子们提供了体验新鲜信息与事物的可能。最好的教育一定来自热爱教育的人。

2. 包容心的培养。兴趣广泛的家长在接纳各类事物的同时，也会在待人方面有很好的表现。在家长的影响下，孩子们也会效仿家长，用独特而欣赏的眼光看待这个世界和他人。

3. 良好情绪的培养。兴趣广泛的家长往往具备非常好的心性，这是因为在遇到挫折与困难的时候，他们会用积极而有效的方式转移注意力：有的人会唱唱歌，有的人会弹弹琴，有的人会聊聊天，有的人会旅旅游……看似简单，实际上这是咨询心理学上非常关注的"事件应对与行为处理方式"。很多的心理疾病患者正是因为不具备良好的行为处理方式而感到困惑与无助。换句话说，兴趣是心理自助的最佳手段。

4. 拓宽儿童的视野。家长如果有"业"，就希望孩子"子承父业"；家长如果未"果"，则希望孩子代替他"结出硕果"，这是一种扭曲的望子成龙观，所以我也写过一篇题为《孩子毕竟不是你》的文章，来抨击这种现象。兴趣广泛的家长往往具备比较开阔的视野，他是音乐家，也欢迎孩子乐于绘画；他是公务员，也不怕孩子对医学感兴趣。当然，一切要基于对孩子现有条件与潜能的了解与开发。

5. 更易发现孩子的潜能。我们不得不承认，家庭氛围对于孩子的影响是深远的。韩寒的父亲是一位优秀的编辑，姚明的爸妈都是国家队篮球运动员……可以说韩寒和姚明在家庭教育中都受到了良好的熏陶，父母的经验优势显而易见。在很长一段时间里，我一直认为父母作为孩子最大的教育资源，应该将"祖传"的教育优势传递下去，其实就是"子承父业"。我看了国外一些比较新的教育图书与案例，又转而看看我自己，我发现"子承父业"是一种比较低级的教育观念。我的父亲是书法家协会的会员，但他并没有要求我练习书法，同时他发现我对写作很感兴趣，于是就把精力放在了对我的写作的培养上。他鼓励我写日记，写感想，这些训练对于我日后的发展有很大的帮助。我还不得不提愚公移山的故事。愚公的精神虽然可贵，但在家庭教育方面却不值得借鉴，他自己制定了搬山的目标，却不顾子孙们的感受，让子孙辈继承其志向。

6. 良好性格与人际交往能力的建立。良好的性格来自良好的人际交往能力，良好的人际交往能力来自良好的亲子关系，良好的亲子关系来自良好的亲子沟通，良好的亲子沟通来自良好的亲子沟通话题，良好的亲子沟通话题来自亲子的共同兴趣……如果说，性格决定命运，那么我们完全可以肯定，兴趣广泛的父母可以让孩子一生获得幸福，因为他们交给了孩子适应环境与发展自身的钥匙。

从现在开始，让孩子面对一个兴趣广泛的你，相信他的命运将就此改写……

夫妻关系与亲子关系

我在学校时曾做过《拥抱》心理月刊的专栏，收到了很多家长发来的关于咨询家庭问题的邮件。其中令我印象最深刻的是一位年轻妈妈，她面临着与丈夫婚前甜蜜、婚后痛苦的心理焦虑，夫妻关系的不和谐、无数次的离婚念头直接影响到了孩子的身心健康。

夫妻关系先于亲子关系，良好的夫妻关系是亲子教育的前提。所以一种家庭支持系统的建立，从两人世界到三口之家，看似只是数字的变化，背后却是家庭结构的重组。

事实上，男性进入父亲的角色比女性进入母亲的角色要晚半年，甚至更长的时间。我们的这位年轻妈妈很显然没有接受这个客观的事实。从她的言语中，我似乎能够感受到这样的情绪：孩子父亲非但没有尽什么责任，怎么反而不如从前了呢？丈夫在有孩子之前是好男友、好丈夫，怎么会在有孩子之后就不合格、不称职了呢？我们经常会依据我们的经验来看问题，比如好男孩必然会成为好男人，好男人一定会成为好丈夫，好丈夫一定会成为好父亲，好父亲一定会成为好爷爷……这里面自然有联系，但并不是必然联系。这是因为社会角色越来越复杂，而对角色本身的要求也越来越严格。听话懂事、学习好可能就被冠以好男孩，但是我们并不能说听话懂事、学习好就是一个好丈夫。一方面，做好角色是个人经验与自我顿悟的结果；另一方面，做好角色需要社会教育与帮助。我们可以认为，学校教育其实就是对好男孩与好女孩的角色教育。在一些发达国家，包括中国的一些发达地区已经出现了"婚前培训"，这种教育的培养目标就是好丈夫与好妻子，这是非常必要的。父母课堂的出现，无论从科学性还是从社会发展的需求来看，都是大势所趋。

目前，父母课堂在大陆地区并不普及，但是我们可以依靠自身资源来解决这个问题。要知道，好丈夫与好父亲都需要妻子的培养：

1. 改变自己的家庭观念。在给前面提到的那位年轻妈妈的回信中，我告诉她，看得出她是一位"相夫教子"的模范妻子，但是要知道"相夫教子"是封建社会对女子的要求，如今已经过时。丈夫与妻子有同样的育儿义务，只有父母共同参与才能让孩子健康快乐、人格完善。

2. 强化父亲角色意识。相信"当爹"对于每一个男人来说都是一件值得骄傲的事情，男人在外面很少说到自己的妻子，但是会经常炫耀自己的儿子或女儿。那么在家中，请不要吝惜你的言语，是时候改变称呼了。从老公到孩儿他爸，这是一次质的飞跃。事实上，这就是心理学上所说的暗示效应。丈夫向父亲的转型，需要一个过程，这需要妻子的参与与帮助。当丈夫出现在孩子的视野里时，我们要热情地说一声"宝贝，爸爸来啦"，相信这句话会像充电器一样，让你的丈夫变得精力充沛。

3. 共同承担家务与抚养孩子。妈妈这个角色对于妈妈自己是一种比较大的负担，这种负担主要来源于精神上的压力与社会生活的闭塞。很多妻子因为"全职"变得沉默寡言，甚至与丈夫日渐疏远。最好的办法就是让丈夫参与家务劳动与抚养孩子。当然，我们需要在其中进行鼓励，毕竟很多男人不太擅长做家务活。

4. 爱与需要的表达。中国女性缺乏爱与需要的表达，这与我们的传统文化有关。事实上，夫妻之间非常需要爱与需要的表达，因为这样可以让对方感觉到自己存在的价值，甚至是努力的方向。很多妻子把孩子打理得很好，就会给丈夫一种错觉：他是多余的。所以，你要经常表达，自己和孩子爱他，也需要他的爱。

有太多新家庭的年轻妈妈，她们虽然承认了丈夫是孩子的爸爸，却没有给他展现爸爸角色的机会。丈夫还是像以前一样，早出晚归地上班下班；睡觉变成了一个人，睡眠质量也没有受到丝毫影响；家里多了一个小宝贝，想陪就陪一会儿，不想陪就在电脑前继续工作……年轻妈妈感觉非常委屈，她们时刻为丈夫着想，辛苦地带着孩子，丈夫怎么就没有一点"表示"呢？有意思的是，丈夫做着原先的自己，他们觉得把妻子安排在家看孩子是非常正确的一个决定，因为女人嘛，就应该做这些事情！如果妻子抱怨，丈夫会说："我在外面挣钱多不容易啊！你不就看看孩子吗？"这样，丈夫与妻子的关系被埋下了深深的隐患。

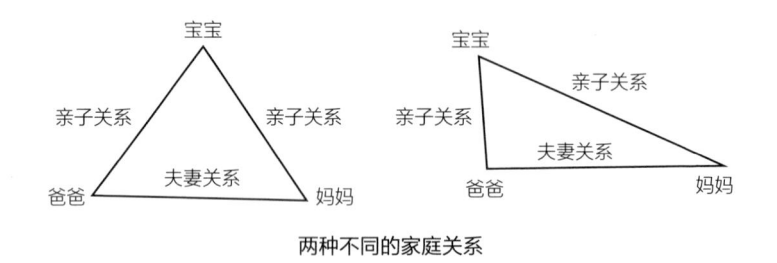

两种不同的家庭关系

在家庭支持系统里，亲子关系与夫妻关系应该是等"长"的（如上图）。简单来说，你替丈夫做了父亲该做的事情，非但不会对丈夫有好处，反而破坏了丈夫与孩子的关系，进而也会影响到夫妻关系。但要做的其实很简单，就是让丈夫回到父亲这个角色上来，与你一起进行孩子的抚养与教育，当然，还要配合一些鼓励与暗示。鼓励不是简单地说"你可以做一个好父亲"，而是鼓励丈夫可以像妻子一样完成家务活动。暗示比较容易，就是经常在与孩子对话中，提到父亲。这样丈夫会有一种存在感，当然也是归属感。

亲子关系不是母子关系。

很多专家都认为必须注意妈妈与孩子的亲子关系，强调"母子一体化"的科学性，鼓励母亲陪伴、母乳喂养、母子同床……这本身无可厚非，但是这样做并不是说孩子的培养与成长问题要由妈妈一个人来完成。事实上，父爱对于孩子的成长也非常重要，男性天生会给人一种安全感，男性的勇敢、坚强、刚毅的品质也会对孩子完整人格的建立有着重要帮助。除此之外，爸爸与妈妈的不同视角为孩子了解自己、了解世界提供了更多的选择与空间。

丈夫不是育儿助手，而是育儿达人。

丈夫应该做什么呢？我们看到过很多育儿图书，非常详细地介绍妈妈应该如何成为育儿达人。很多妈妈一个人承担着育儿责任，暗自叫苦。还有一些妈妈成为育儿的"女王"，爸爸成为助手甚至是仆人，这也是不对的，因为这样很可能会导致爸爸的心不在焉。妈妈应该积极地让爸爸参与育儿活动的设计与实施。建立爸爸的形象，对于丈夫的人格发展有着很重要的作用。同时，爸爸的一些思路与想法和妈妈有很多不同，相信用心的爸爸一定可以成为育儿达人。

我很喜欢马克思·惠特海默说的一句话，整体大于各个部分之和。家庭支持系统就是将爸爸、妈妈与孩子三个部分紧密整合在一起，形成一股巨大的合力。有的时候，亲子之间解决不了的问题，家庭支持系统可以解决；有的时候夫妻之间解决不了的问题，家庭支持系统也可以解决。这一定是一个值得探讨的话题。

孩子最需要陪伴的8年该怎么做

孩子社会化的过程，就是向权威角色学习的过程。在每一个年龄阶段，孩子心中都有相对固定的权威角色，如：0～3岁的服从期教育以母亲为权威；3～6岁的协商期教育以父母、幼儿园老师为权威；6～10岁[1]的社会化时期以班主任老师或其他任课老师为权威；10～18岁的自主选择时期则以优秀同学、娱乐明星、体育明星、成功人士为他们的多元化偶像。如果父母坚持自己的教育理念，在孩子6岁之后还要充当教育权威角色，后果便是孩子的社会化发展迟滞，不利于孩子更好地融入社会独立生活。

爱孩子，还是爱教育孩子？如果你选择前者，就应该早早地做好放手的准备。在这里，我想给大家介绍"育儿五步法"，方便家长朋友掌握好教育的节奏，维护好亲子关系。

---

[1] 注：3岁、6岁、8岁、10岁等过度年龄具备前后两个阶段的特点。

这五步分别是：拽着走，拉着走，推着走，看着走，望着走。

其一，0~3岁拽着走。

什么叫拽着走？0~3岁的婴幼儿正处于社会化的初步成长阶段，社会化是社会学专用术语，说得通俗一些，便是把动物变成人。动物世界比起人类世界少了很多规范要求，因此作为0~3岁的儿童，实际上需要学习、模仿、受训方才真正具备人的意识与模样。因此，我称这段时期为"服从期"，没有服从期的这段训练，儿童自然会在集体生活中违背规则甚至飞扬跋扈。这段时期的权威角色是母亲，父亲是政策的解读者、行为的示范者、关系的协调者，这里不再赘述。

其二，3~6岁拉着走。

很多家长问我可以不可以打孩子，什么时候可以打孩子，我从不顾左右而言他，明确告诉他们3岁之前可以打，因为这时的孩子还是个"动物"。有趣的是，3~6岁的孩子进入了心理敏感期，就会开始记事记仇。当然这不是重点，重点是3~6岁的孩子已经进入了协商期，他已经成为一个平等的家庭成员，父母与孩子之间的关系也从上下级成为平级。我们可以围坐在圆桌旁，一起讨论柴米油盐、买车买房的话题。在3~6岁阶段，是家长向孩子传递社会经验与社会交往技巧的最关键时期。

其三，6~8岁推着走。

家长不再雄踞舞台中央，而是退居孩子的身后。为了让孩子能够尽早具备独立思考意识与独立能力，我们需要将权威角色让位给老师，并从权威者向协助者迅速转化。我们鼓励孩子拥有自己的理想，制订自己的目标，作为家长的我们不是领导，不是指导他们，更多的是帮助他们。

其四，8~10岁看着走。

看着走，意味着我们给了孩子更多的信任和更多的空间，这也是为他们的独立思考与独立生活做准备。《挠脚怪来了》一书就提及过儿的八字箴言"少教多问，少做多看"，"多看"在这个阶段更为重要，保持一个安全距离，孩子也会体会到你对他的尊重。至此，你会发现学习是渐进的，而教育则是减退的。那些勇往直前的教育，最后都反而伤害了受教育者。

其五，10岁之后望着走。

10岁之后，继续拉大和孩子之间的距离，给予他们更多的空间与信任。这听起来似乎有些伤感，但事实上你只是换下了教育者的角色，并没有换下父母的角色。孩子讨厌的是说教的父母，不是关爱他们的父母。

学习与成长是"渐进"的，教育与关系是"渐远"的。当我每每在讲座中讲到这句话时，很多家长都流下了眼泪。"努力，什么时候都不晚！"——这句话并不适合陪伴孩子，当你想陪伴孩子的时候，往往已是你自己更需要陪伴的时候了。

从现在开始，让孩子和妈妈做游戏而不是和姐姐做游戏；让孩子听爸爸讲故事而不是听叔叔讲故事。

抛开家长身份的教育

乘坐地铁的时候，我会特别留意带着孩子的父母。在如此拥挤的环境中，人与人之间必然会产生身体接触，产生意念之分歧，孕育出应时应景的教育。这种突如其来的"教育"恰恰反映了家长的教育艺术与教育水平，在这种拥挤不堪的环境里，能够免费体验教育案例，也是我的一种运气。

我和所有人一样被其他人"拥护"着上了地铁。地铁车厢里有男人、女人、儿童和各种包裹，站在我前面的是一对母女，她们之间的一举一动很快便吸引了我的注意。在颠簸的过程中，小女孩脱离了妈妈的怀抱，伸手去够前方不远处的栏杆。她的执着与踽蹒跚让我觉得非常有趣。就在这个时候，这位妈妈突然发话了："干什么去啊？"孩子用力握住了栏杆，才说："我怕摔倒啊！"妈妈又说："到我这里靠着，摔不着的！"之后，孩子不再说话，而有意思的是，她一只手拉着妈妈，另一只手依旧死死地抓着那个栏杆。

在地铁这种拥挤的环境中，每个人都会有一种寻求安全的需要。通常情况下，大人会找扶手，女人会找男人，小孩会找家长。对于妈妈而言，孩子在她眼里仍是孩子，永远放不下心来，她认为掌控孩子是自己的一种责任。然而当孩子有意识地远离家长，寻求扶手的时候，表明他已经开始具备"独立"的意向了。

也许是出于模仿，也许是出于新鲜，但可以肯定的是，他的行为是"成熟"的，是应该得到赞美和强化的。

根据我对年龄性格的划分，30岁左右的年轻家长正处于支配期。此时，他们具有很强的支配欲、控制欲甚至领导欲。他们希望孩子听从他们口中说出的每一个指令。而处于0~6岁的孩子恰恰处于性格的服从期阶段，由于缺少完全行为能力，他们也需要家长的全方位指引。0~6岁，尤其是4~6岁是最佳的亲子教育时期。在这个时期，父母给予的社会教育能够帮助孩子们建立独立思考意识，培养独立生存能力。遗憾的是，大多数家长在这个需要"狠"的年龄，施予了太多的"柔"，把孩子们彻底给教"软"了。在这个真正需要理性教育的时候，家长们往往凭借着冲动与意气，指挥着孩子们的言行。

地铁里的妈妈呼唤着孩子，满足了自己内心的一种控制欲望，还打着关心孩子的旗帜，来操控孩子的行为。当孩子进行反驳的时候，她感到权威性被挑战，顿时说道："到我这里靠着，摔不着的！"她以自己的高大身材来捍卫失去的权威性。但那位妈妈也许存在一种意识上的偏差。孩子的独立或反叛本身并不代表不信任家长，只是他们渴望接受社会化，体现个人能力、价值或成就感的一种表现。

所以尴尬如上，孩子一只手拉着妈妈，一只手仍旧扶着栏杆。叛逆的种子就此埋下，而那位妈妈却浑然不觉。那只拉着妈妈的手满足了妈妈，那只扶着栏杆的手满足了自己。孩子从小就学会了"和谐"！事实上，家长退一步，孩子就会进一步。当你有意识地发现孩子的独立意向或行为，应该加以正确的引导与肯定，而不是让他们一味地迎合你的脚步，服从你的口味。倘若，孩子自己去扶栏杆，你大可以说："孩子，你真棒！这样可以让你站得更稳、更安全！"

还有一次，我看到一位年轻妈妈拉着一个五六岁的孩子在大街上走。妈妈为孩子买了一根冰棍，小孩目不转睛地看着妈妈手中的冰棍。妈妈一边剥去冰棍的包装，一边温柔地对她的宝宝说："小宝，别着急，这就给你吃啊！"站在一边的我，心里暖暖的，仿佛回到了自己的童年。就在妈妈递给孩子冰棍的瞬间，包装纸飘落在地上。令人不可思议的是，小孩子屈膝去捡地上的包装纸，妈妈急忙嚷道："干吗呢？别捡啦，多脏啊！"其实孩子只是捡起来扔进了旁边的垃圾桶。

这不是讲卫生和讲文明发生了冲突，而是妈妈们焦虑上头，生怕孩子不讲卫生，过于处处小心了。我们有太多的焦虑，是因为我们永远不能抛开家长这个身份。你的溺爱与愤怒，都会让我们的孩子混淆对人际关系的正确认识，从而无法正确做人、做事。保持理性，减除感性，运用科学，摒弃主观，才是对孩子负责任的教育与爱。

我相信教育的能力，也同样相信教育的破坏力。很多时候，我们忽视了孩子成长的细节，把我们的家长身份浓浓地披在了教育的身上。更多时候，教育是观察与倾听，它不是一种权力，而是一种理解与支持。从另一个角度讲，家长与孩子其实都是生活的初学者，如果我们能够以一种"成长搭档"的身份与孩子相处，也可称为"亲子共学"，相信亲子关系一定会越发地和谐美好。

早教有分工，父母都轻松

有很多朋友喜欢称我为"超级奶爸"，我非常开心，想想可能是因为大家比较喜欢《奶爸经》。其实父亲育儿早就不是什么新鲜事儿了，在《三字经》中就有"子不教，父之过"的名言警句。自古以来人们一直遵从"男主外，女主内"的规则，男人的育儿功能自然减退，甚至最终淡出历史舞台。如今，"早教热""亲子热"红透了荧屏、红透了早教机构、红透了亲子乐园……人们意识到早教的重要性，意识到父母只有通力合作、分工明确，才能真正培养出一个人格健全、积极乐观的孩子。"奶爸"这个词，看似戏谑，实际上，回归家庭的父亲参与到育儿中，能最大限度地缓解妈妈们的育儿焦虑，让亲子教育更完善……

我们经常说男人与女人来自两种不同星球，他们拥有不同的思维方式，这话一点儿也不假。爸爸与妈妈作为不同性别的两个人，能够为孩子提供不同的心理营养。因此父母在育儿上可以就分工做一个明细：

其一，妈妈提供安全感，爸爸提供动力。

妈妈是孩子安全感的来源，一个正常的孩子，无论他是什么气质类型，在妈妈出现或消失的时候，情绪都会出现最明显的波动。在出生的过程中，母子进行肉体的分离，但是孩子在心理上仍然认为亲子是一体的，或者说妈妈就是他的一部分，和自己的手、脚没有什么区别。我们可以想想，如果把我们的手和脚与我们的身体分开是一件多么可怕的事情啊！所以无论如何在孩子0~1岁期间要尽量与孩子长时间接触，在孩子1~3岁期间要尽可能地陪伴孩子，为的是让孩子获得安全感，这是一生的安全感。

爸爸提供的不是安全感，而是一种动力。在孩子的眼中，爸爸是高大的，是强壮的，是探索的，是进取的。爸爸可以快速地移动自己的身躯，做出各种复杂的动作。这让孩子们感到非常的兴奋，并尝试着模仿这些对他而言非常复杂的动作与表现。

其二，妈妈训练耐心，爸爸训练好奇心。

我在讲座中常说，人有四种天性，分别是好奇心、耐心、进取心与防卫心。其中最能影响孩子潜能开发的便是好奇心与耐心。

妈妈总是不厌其烦地教孩子一个简单的动作，比如刷牙、拿勺子、穿衣服——你很少看到一个爸爸能做到这一点！在这个过程中，重点并不在于刷牙的能力与技巧，而是训练孩子的耐心，当孩子可以坚持几分钟做一件事情时，证明他接受了人类的生活方式，妈妈实在是功不可没的。

爸爸需要负责孩子好奇心的激发、发现与梳理。一个兴趣广泛的爸爸就是天生的超级奶爸。他们总会发现生活细节中的乐趣与美好，他们善于做出夸张的表情与反应，这些都是激发孩子好奇心的方法。爸爸要带孩子体验不同的体育项目、不同的游戏设施、不同的读物，让孩子在广泛接触中激发好奇心。今天Kitty的奶奶问我，应该学什么知识或技能，我说知识与技能不是最重要的，要让她多接触、多体验、多感受、多表达，这些比知识更重要。

其三，妈妈培养规律的作息，爸爸积极做好示范。

0~3岁有很多"教育任务"，在我们传统的观念中讲究三翻六坐八爬，如果做不到，家长必须"干预"。而事实上，这些基本能力并不是我们教会的，也不是通过训练习得的，而是与生俱来的本能。我们总觉得语言是教育的结果，而在认知心理学的观点里，语言的产生更多地仰赖于大脑中的"语言器官"，当器官发育成熟时，孩子自然就会说出流利的语言，除非这个孩子有天生的缺陷。当然，我还是同意多与孩子进行对话或讲故事，也许不会提高孩子学语言的效率，但是会给孩子很强的归属感与很大的乐趣，有利于建立良好的亲子关系。在这里面还有一个最重要的训练项目就是规律的作息。Kitty从1岁开始就实现了规律作息，其中包括起床时间、喝奶时间、娱乐时间、学习时间与睡眠时间，越早形成规律意识，对于孩子的益处越大。

爸爸的作用其实很重要，那便是作为一个示范者，接受孩子妈妈的指挥。一方面孩子喜欢模仿，另一方面，孩子会更加认同妈妈的权威性，有助于服从期的训练。

其四，妈妈锻炼小动作，爸爸锻炼大动作。

孩子0~3岁时主要有三项训练，包括注意力训练、精细动作训练、感统训练。

其中，注意力训练就是耐心的训练，精细动作训练就是小动作训练，感统训练是包括视觉、听觉、运动觉、触觉在内的大动作训练。

妈妈要让孩子在安全的前提下多接触细小的物体。很多家长觉得孩子拿桌子上的米粒不卫生，其实这是孩子自觉进行精细动作的尝试。

感统训练，可以通过爸爸与孩子一起"玩"的方式开展，边玩边进行感统训练，效果事半功倍。这些方法我不再赘述。

其五，妈妈给予批评多一些，爸爸给予建议多一些。

在0~3岁的服从期，我们的核心目的是让孩子成为"乖孩子"，因为服从是人在社会生活中必需的"一面"。当孩子出现错误的时候，或者存在需要更正的地方，妈妈不可吝惜批评，因为妈妈的批评指导对孩子是一种"反向"的激励。孩子在尝试了"惩罚"之后，会做得更好。

爸爸可以对孩子的努力进行适时鼓励，让孩子觉得世界的评价是多元的，从而学会进行客观的自我评价——但是切记，爸爸不可以当面驳斥妈妈的观点，背后更不可说妈妈的坏话，妈妈的"权威地位"要进行重点保护，而不是爸爸"另立为王"。最保险的方法是在孩子认识到错误之后,给予孩子建议与方法,让孩子明白自己可以做得更好。

父母早教分工的方法有很多,妈妈们如果能够和爸爸做好配合,不仅能更好地育儿,还能增进夫妻之间的情感。

家长要做孩子的贵人

小树成材凭天地,孩子独立"靠"父母。在近两年最新的家教书籍中,我们似乎已经找到了一种符合时代潮流的教育观点——家庭教育的重要性高于学校教育。如果说学校教育是孩子学习的主战场,那么家庭教育就是孩子学习的大后方。家庭教育为孩子提供了强健体魄、坚韧意志、战斗目标与武器装配,让孩子能够在日后的各种社会战斗中胸有成竹、游刃有余。

我始终认为在家庭教育中,最核心、最重要的内容是亲子关系。处理好了亲子关系,教育就会事半功倍;处理不好,教育就有千难万阻。这个道理其实很好理解,教育是一门学问,但归根结底是一种沟通方式,既然是沟通就涉及沟通的对象、内容、方式与方法。这里,我想着重讲讲沟通的对象,即亲子双方。亲子双方到底是谁?亲子双方应该如何看待自己和对方?亲子双方究竟能为对方做些什么?在人本主义心理学中,罗杰斯提出了一个重要的概念——自我概念，即你如何看待你自己。人如何看待自己对于人的成长有着很大的帮助。一个男人把自己看作绅士，哪怕家里很穷、很乱，他依然要把自己打扮得整洁有序，并为自己能穿得像个绅士而拼命赚钱，买绅士应该穿的衣服。当然，这个观点存在一定争议，但是对于儿童时期积极心态的建立、个体潜能的开发，不无裨益。在亲子关系中，作为家长，我们首先要正确看待我们自己。

家长对于辅导孩子学习这件事情有着很多无奈、痛苦甚至埋怨。"6岁以后孩子的学习是教师与孩子自己的责任，家长不要做孩子的家教，这会破坏孩子的学习独立性！"我坚信在孩子6岁之前做好足够的早教，建立良好的亲子关系，孩子就会在未来的学业道路上乐于前行，并会独立处理包括师生关系、同学关系在内的各种人际问题。然而，我的意思，并不是6岁之后就不再教育孩子，只是我们的关注点应该从孩子的知识学习中拔出来，放在拓展孩子的成长空间上！你不但要给孩子一个麦克风，更要给孩子一个舞台。之前，我的恩师渠淑坤教授对我提出的"互助式"家庭教养模式大加赞赏，他也同意家庭是家长与孩子的社区，在社区中的个体是互相支持、互相帮助的关系。在家庭生活中，家长应该为孩子创造更多的学习机会，而孩子也可以为家庭做些家务、提些合理建议，大一些的孩子甚至可以为我们家长的工作"出谋划策"——可以说，家庭生活就是家庭教育。

最近，我有了一些新的想法。我认为，如果把家长比喻成助手，可能存在某些歧义，而且不够生动。我倒觉得家长更像是孩子的贵人。

在上大学的时候，我喜欢看成功学的书籍，如《性格决定命运》《成功一定有方法》。里面举了很多案例，比如某人在平凡的岗位上，运用成功学的方法被领导赏识，受到了提拔，后来通过创业成就了一番大事业……在千篇一律的案例中，成功学的大师们往往特别强调成功学的方法，并暗示读者只要阅读本书就可以获得成功——我照着办了，却没有成功，才发现"成功其实不简单""成功不可以简单复制"。但是，我又研究了一下，案例为何可以吸引我。原来，每一个成功人士虽然身处不同的领域，运用不同的方法，体现不同的价值，但是，他们有一个共同特点——幸遇贵人。无论是乔布斯、马云、李开复、还是乔丹、姚明、刘翔……他们的成功都离不开贵人，这个贵人就是欣赏你并为你提供更大发展空间的人。

贵人很少会自己找上门来，即使自己找上门，你可能也意识不到，甚至会认为他是骗子。但无论如何，贵人的作用对于一个人的成长与成功实在功不可没。

知音难觅，贵人难求。贵人往往是在你所从事的领域中，比你有经验，比你有方法，比你有人脉的人，得到贵人的相助自然是人生最大的幸事了。家长应该是孩子的贵人，因为我们能最准确地把握孩子的优势，最相信孩子的能力，最无私地提供我们的资源。如何做好孩子的贵人呢？

其一，发现孩子。

贵人最大的优点，莫过于他有一双雪亮的"伯乐眼"，他可以在茫茫人海中发现你是一个好苗子，甚至是他的接班人。家长作为孩子的第一位贵人，要发现孩子的优势。我们可以采用观察法、实验法与访问法。

观察法：观察法就是对孩子自身条件的充分了解与调研。在孩子的幼儿时期，我们可以通过全身观察发现他的各种优势，如手指是不是很长，嗓音是不是很洪亮，身体是不是很好动，这些孩子无意识地表现出的信息，恰恰是他们潜能的密码。除此之外，我们还可以观察孩子对什么更感兴趣，有的孩子能够盯着动物看很久，有的孩子可以跑很久而不觉得疲惫，有的孩子喜欢自己唱歌给自己听，有的孩子特别善于和别人聊天——在贵人眼中的过人之处，在其他人眼中很可能是令人讨厌的行为。关键是家长一方面要把自己当作孩子的贵人，另一方面，自己也要努力成为一个兴趣广泛的人。

实验法："只有吃到梨子才能知道梨子的味道！"此语甚妙！你怎么知道孩子不喜欢？你怎么知道孩子不适合？如果有条件、有机会，应该让孩子多去尝试不同的学习内容。乒乓球世界冠军邓亚萍小时候身材矮小，根本没有一个乒乓球运动员该有的身材，但父母的不断引导、训练和她的不断尝试让她最终成为世界冠军。貌似不符合规格，却并不代表不适合。即使不适合，也让你长了经验，丰富了生活，拥有了美好的回忆。当然，最好的实验法是亲子活动，亲子一起从事运动、阅读、游览等，调动孩子的积极性，所得好处不容分说。

访问法：这是我认为最好的方法。在家长眼中，孩子都是独一无二的。我一直提倡客观教育，即家长用最公正的眼光、最公平的姿态来对待孩子。事实上，我身边的同事，包括我自己，都很难做到这点。有没有一种方法可以弥补不足？有！那就是通过访问法来了解孩子。访问的对象要具备一定的数量和可信度，这一点和调查问卷是很像的。问问各个领域的过来人，让他们为孩子做一些简单的诊断，我们再集合大家的意见，从中分析出孩子的优势在哪里。

其二，询问孩子。

伯乐发现千里马，可能要询问马主人的意愿；贵人发现奇才，势必询问奇才自己的想法。这里面存在两种情况：第一，孩子很认同家长的发现，并努力进行优势方面的学习；第二，孩子并不认同家长的观点。后者尤为常见，也让家长很头疼。我小的时候，妈妈发现我的手指很长，于是要求我学钢琴。在我不知情的情况下，妈妈给我买了一架钢琴，买了很多琴谱，请了一位大师教我学琴……我为此特别烦躁，心想：学习还忙不过来呢，还让我学这个！印象最深的是，妈妈甚至还拿着毛衣针逼我练琴。就像我的妈妈一样，很多父母在准备培养孩子一项技能的时候，总是忘记与孩子进行交流。当然你会说："孩子懂什么呀？"确实，他不能一下子明白你的良苦用心，所以你要循循善诱。我在

《孩子独立"靠"父母》一书中提到了"愿景教育",为孩子描述学习的愿景,就是最好的教育。如果我的父母能够将学完钢琴之后的好处陈述给我,即学好钢琴可以让我成为一个什么样的人,我一定会更加专注而愉悦地学习钢琴。

其三,搭建平台。

"台上一分钟,台下十年功。"中国的教育始终在强调刻苦的重要性,却不重视实践的重要性。在学校工作的时候,我经常组织学生们参与社会实践,经验都是从实践中来的,学有所用就是对学习有用最好的诠释!我在小学尝试建设学生会,成立宣传部、卫生部、学习部、综合实践部等部门,让不同的孩子在不同的岗位上得到锻炼。以卫生部来说,我让四年级学生独立策划全校卫生检查,如果有需要可以咨询卫生老师,小小的"卫生部长"和自己的"同事"经过一个月的准备,设计了一个相当完善的卫生评比计划,对全校教室、教师办公室甚至校长办公室进行了检查与评比,并做出了令人信服的评比报告。这个平台的搭建,锻炼了学生的很多种能力。

家长搭设的平台同样可以锻炼孩子!比如组织家庭联欢会、小朋友联谊会,让孩子在人前展示自己的小特长。在条件允许的前提下,向更多的人介绍孩子的优势与特长。记得我上小学的时候,妈妈主动找到班主任,告诉她我从小爱好唱歌且唱得很好,班主任便把我推荐给了合唱队,使我得到了更大的发展平台。

很多家长觉得学生时代的主要任务就是学习知识,其实这是不正确的观点。学习是信息收集的过程，好比往一个杯子里倒水。然而水的作用不是在杯子里供他人欣赏或储藏，而是供大家来喝的。我们还应该让孩子把杯子里的水倒出去，体现水的价值和人的价值。有很多大学生缺少求职能力，很大程度上是因为他们只有接水的能力，却没有请人喝水的经历。

接受知识、发挥能力、表达情感这三方面对于儿童成长来说是三驾马车，缺一不可。这一点其实也体现在了我国新课改的要求上，每一堂课都有自己的知识目标、能力目标、情感态度价值观目标。如何实现三者的有机结合或层层升华，是当前教师们应该考虑的任务。但是我更想说，教育过于主动，学习就是被动的；教育若专注于提供一个舞台，学习就会变得主动。

我们应该少给孩子一次教育，多给孩子一次机会。

老子有一句智慧之言"虚怀若谷"。是的，教育应该是虚怀若谷的，你给孩子一个空间、一个舞台，你就是孩子的贵人，你就真正帮助到了孩子。

家长需要了解的孤独症前沿知识

孤独症在人群中的发病率已经从20世纪90年代初的1/1000，发展到了现在的1/50，而且这个数字还在增长。很多家长对于孤独症了解甚少，从而延误了一些孩子的最佳诊断时机与治疗时机。所以向全民普及孤独症知识，提供家庭与学校的治疗方法就显得迫在眉睫。拿北京来说，在这方面，海淀区是超前的，海淀区的特殊教育中心做出了很大的贡献，他们邀请 PRT（关键反应训练）疗法的创始人——Koegel 夫妇来京讲座。先生 70 岁，太太 59 岁，夫妇携手从遥远的美国来到北京，将最前沿的教育与治疗方法传递给我们，让我们感觉很温暖。我非常荣幸地聆听了两位孤独症儿童研究大师的讲座。

与大师面对面，就如同直面壮丽的自然风光，你能记录事件，却不能准确描述当时的心情。我像一个如饥似渴的学生进入大师的教育场，但是短暂的两天时间不可能参透所有，只能把我个人的理解分享给大家。

Koegel 先生非常自豪地说，自闭症的治疗方法有上百种，而真正被实践证明行之有效的只有 10 种左右，PRT 就是其中之一。PRT 的核心观点指出，在对孤独症儿童进行训练与治疗时，有一些领域对于这类儿童自我发展、适应环境尤为重要，比如动机、自我发起、自我管理等。我们应该从这些领域着手，而不是只关注普通儿童知识与技能等方面的培养。我非常赞同这一观点，并且也有类似的研究倾向，大师的这次讲座让我产生了自信，也给我指明了更加精准的研究方向。下面我就从我印象最为深刻的三方面内容做一个介绍。

其一，关于动机。

Koegel 先生讲到了一个例子：如果我们希望孩子们打开箱子，我们会采取什么办法呢？有的人会告诉孩子，打开箱子会给你奖励；有的人会说打开箱子，才是好孩子；有的人会说你不打开箱子，就是不听话，就是笨蛋……而 Koegel 先生则是把孩子们都喜欢的 MM 豆放到了箱子里面。这样一来，打开箱子就有了"动力"，孤独症的儿童就会觉得打开箱子是一件很有意思的事情，这样他就在不知不觉中完成你的口令，而且丰富了行为。在我的工作过程中，我也很注重动机的培养，我曾经在给教师们培训的时候，对他们说，教育的过程，一方面是传授知识的过程，一方面是让孩子们感觉获得知识是快乐的过程。这样一来，当你不在现场的时候，他们也可以以获得快乐的名义去寻找知识。其实这就是先生说的"动机"培养。我在学校里遇到过一个读初中的男孩，他是孤独症与智障患者，但他天生一副乐观的模样，人见人爱。他喜欢唱歌和拥抱，每次见到喜欢的老师，他都会从很远的地方跑过来，给你一个深情的拥抱。这个男孩见到我，总会问："刘老师，你会唱《心太软》吗？"我说"会啊"，就这样，我在他的面前唱了不下 10 遍《心太软》，我不是为了迎合他或者图省事，而是为了与他建立最重要的信任关系。10 遍之后，我开始激发他的"动机"：我每次唱不同的歌，与他一起在同学们面前合唱，办小型的校园演唱会……这些做法让他更愿意唱歌，而且不是只唱《心太软》。最重要的是，我问他："你想不想唱得更好？"他点点头。我告诉他，要想唱得更好不但需要多唱，还要问问歌迷哪里唱得不好。就这样，他开始愿意和人交流唱歌这个话题，慢慢地拓展了人际交往的范围。

可以想见，这个动机并不只是学习动机，而更应该是生活动机，这恰恰是孤独症的儿童最迫切需要的训练。我在给我的孤独症学生进行辅导时，便采用"多元刺激"的方法，也就是不同层面不同角度地激发生活动机，让他们感觉到生活的乐趣。比如礼物法、夸张表情法、闲谈法、仪式法，这些都是专门针对儿童的方法，事实证明也具有一定的效果。

其二，关于自我发起。

这是一个非常有意思也很有意义的话题。不知道你是否看过《海洋天堂》，电影里面自闭症儿子始终处于自我封闭的状态，不会与父亲进行主动的交流，这也是孤独症患者的又一重要特征。自我封闭，是指将语言与行为等一切与外界互动的通路全部关闭。Koegel 先生提出，对于孤独症儿童，我们应该积极引导他们"自我发起"，而不是一味地"被发起"，简单来说，不是你要他做什么，而是他主动要做什么。我觉得这个观点是非常可贵的，因为不仅在全纳教育中，即便在普通教育中，我们的很多学科老师也未必意识到这一点。大家习惯了制定课堂常规，遵循教案思路，控制课堂节奏，却忽视了个体需要。久而久之，普通的孩子也变得缺乏探索动机，因为他们习惯了按照老师的思路去学习，他们把顺从教师意愿当作学习任务的全部——这非常可悲。

Koegel先生给我们放了一段视频，里面是治疗师与孤独症少年的对话，很显然治疗师在寻找孤独症少年的兴趣点，并且积极暗示他，让他去提问。少年要搬家，治疗师给他提了很多的建议，并表示如果有需要她可以提供更多的帮助。少年最后问了一句："你家有两个微波炉吗？"这句话的意思是如果你有一个，可以给我一个。这让治疗师感觉非常欣慰。是的，"提问"在普通人眼中是一件简单的事情，但是，它恰恰是自我发起的一个重要信号，这也给了普通教育工作者一个很大的启发。

其三，关于自我管理。

Koegel先生表示，自我管理是从成年人的自我管理理论中找到的经验与灵感。自我管理的范畴非常广，但是管理自我却是其核心内容。如何让一个患有孤独症的儿童很好地进行自我管理，这是一个难点，同时也是一个重点。从某种角度上看，自我管理是一个人产生成就感最直接的方式，很多自我管理能力强的人也因此获得了比其他人更多的收获。会管理自我的人，也会为自己设定目标、安排自己的时间、自我约束、协调关系、进行自我决策，而具备了这样的能力，自然也就适应了社会环境。孤独症儿童的自我管理是在动机培养与自我发起的基础上进行的，我们不能操之过急，而要耐心地与孩子们一起改变。Koegel女士在参加美国《超级保姆》节目时，给患有孤独症的小主人设计了满满一大张日常计划表，里面包括具体而多样的亲子互动活动，这让小主人的父母感到非常吃惊。真正做下来他们才发现，这个"量"

其实便是"治疗",也是在训练自我管理。

最后我想和大家分享的是 Koegel 老师提倡的同辈群体之间的帮助。他把方法教给了研究生,研究生把方法教给了一位母亲,而这位母亲又把方法教给了孤独症孩子的亲姐姐。于是你在镜头中看到的一幕便是,两个姐妹在非常有秩序而有兴趣地玩着钓鱼的游戏。这是爱的传递,而且是专业的爱的传递。

你有教育吸引力吗

学校是社会的课堂,除了人文知识的学习,还包括社会知识的学习、技术的学习与艺术的学习。这些无疑都是为了适应未来社会生活而提前做的准备。值得高兴的是,教育制度在发生着前所未有的变革,对于学生的评价体系也发生了根本的变化。这是一个非常大的进步,对于教育工作者与学生都是件好事。

一直以来,我都在探索教育的吸引力问题。为什么学生会接受教育呢?从社会学的观点来看,教育的本质是一种符号暴力,是一种文化的统治形式。这也难怪,有些老师喜欢居高临下地对学生讲话,这本身可能会带来很大的满足感。从马斯洛的需求层次理论来看,知识既不是生存需要,亦不是安全需要,不能构成学生强大的行为驱动力。我们在很多中学的课堂上看到,老师在高声呐喊，学生在低声打鼾。当我站在门口时，反应快的学生会迅速将游走梦乡的同窗拉回到现实世界之中。由此我们可以想象，学生有多么需要睡觉，有多么不愿听讲。有的学校请科学家来讲一堂科学课，或请歌星来讲一堂音乐课，反响在你的意料之中，不但没有睡觉的学生，就连老师也听得炯炯有神。这是为什么呢？从社会学的角度来看，这是权力与权威的区别。老师是权力的象征，而成功人士在孩子们眼中则是权威的象征。如果你真的了解儿童心理，就不得不相信下面这句话："学生信服的人，就是学生喜爱的人，学生因为喜爱一个人而喜爱上他的课。"问题是，我们不可能经常请科学家讲课，歌星还有很多需要去的场合，我们也绝不可能将每一个老师打造成科学家或者歌星，这便是教育的尴尬与教师的尴尬。

我曾经在三所学校做过老师，教过科学课、音乐课与心理课。在我上课的过程中我想的第一件事情，不是备课，而是如何吸引学生，即我们前面提到的教育吸引力的问题。这种奇特的思考方式源于我的大学导师，她给我的忠告就是做事情之前要想什么是助力，什么是阻力，这对我的一生深有裨益。我的助力自然包括我的文化积累、我的教学资源与备课、学生的素质与课前准备等。但是阻力是什么呢？你要知道教师教育的真正"敌人"，不是学生智商的差距，也不是教育设备的不充分，而是学生精力的分散。那么学生的精力去哪儿了呢？在多媒体时代，网络、电视等各种媒体的信息轰炸让孩子们接触了太多诱惑，教育的吸引力可以超过它们吗？一方面我们在谩骂媒体的负功能，另一方面我们也感到无可奈何。事实上，我们不能一味归咎于外界环境的诱惑，教师本身也应该思考自身的不足。教师的社会地位与学生对于学习的态度是正相关的。那么，学生凭什么听你讲？你讲的是真理吗？你的方法真的有效吗？如果教书的人自己都不相信自己的教法，自己都不觉得所讲的内容是有趣的、有用的，却只是依靠着极力发挥教师权力来控制学生，绞尽脑汁甚至威逼利诱地让学生屏蔽外界的吸引力，而服从于你，那并不是科学理性的教育，自然也就丧失了教育吸引力。

更让我觉得可笑的是，一些学校提倡的所谓的"学科整合"的教育理念，其实并不成熟，一堂课40分钟，被4个老师平均分配，美其名曰是知识的整合与思维的贯通。在学生们奔波于教师、计算机房、图书馆与校园的过程中，我没有看出他们主动思考的迹象，我看到的只是他们被各科老师牵着鼻子走。如果硬要说有什么提高，也许是跑步成绩得到了提高。

一个老师，首先要是一个有魅力的人，是一个热爱生活、多才多艺、喜欢与学生交流的人。这一点，对于家庭教育同样适用。有这样一位家长，孩子喜欢与他接触，自然就有了良好关系，而这时知识的传授也就变得水到渠成。《礼记》中有一句经典的话，叫作"亲其师，信其道"，与教师关系不好，就学不好知识；同样我们可以说"亲其徒，成其道"，与学生关系不好，就教不好书。因此，教育的吸引力不在于课堂之上，而在于生活之中。

无论是大师苏霍姆林斯基，还是当代《第56号教室的奇迹》的作者雷夫·艾斯奎斯，他们都真正把孩子视为"学习伙伴"，找到了教育工作者的真正位置。他们要么在与孩子一同欣赏植物时讲解科学知识，要么在与孩子一起看棒球比赛时讲解体育与规则，要么与孩子一起做劳动，要么与孩子一起演话剧……有那么多的"一起"，才是真正的教育。这时，我们突然明白杜威提出的"教育即生活"的意义。教育来源于生活，在生活过程中进行，并最终服务于生活。只有多在一起，学生才会了解老师，喜爱老师，相信老师，并向老师学习。

作为家长，我们同样要明白：真正的教育不是摆事实、讲道理，而是应该和孩子们在一起生活与活动。这才是教育吸引力，才能提高教育的效能。

02

了解孩子是教养的前提
——因材施教

天生的气质类型决定教养方式

几年前,我和一个在中国妇女出版社工作的朋友聊起育儿方面的话题。她说:"作为一个专家,你觉得什么对孩子最重要?"我忐忑着,眼睛不敢瞅她,说道:"父母。"她说:"太肤浅了。"我的脸立刻臊得通红,于是问她:"你是育儿编辑,你说呢?"她说:"是气质。"

听她这么一说,我马上就来精神了。作为国家二级心理咨询师,我对气质一说还是有了解的。气质是个性心理特征之一,可以和性格、能力相提并论,但心理学上的气质是由先天生理因素决定的,一直以来很少听说它是与教育相结合的。我自始至终相信,气质是无法通过外界因素改变的。怀着半信半疑的态度,我在网上购买了多本关于"气质教育"的中外书籍,学习之后我才发现,原来她所说的"气质教育"不是"教育出好气质",而是"依据不同气质类型进行教育"。这激发了我对气质教育的学习与研究热情。我对比了中外关于气质教育的不同点,外国专家(主要是美国与韩国）倾向于尊重个体差异，根据不同的气质类型对受教育者进行人生规划；中国专家倾向于全面了解不同气质类型孩子的优缺点，把优点进一步扩大的同时，把缺点逐个根除。我突然想起了柏杨老师的名言："崇洋但不媚外。"——我觉得应该把国外的先进理念拿来一用。

先说气质。气质（temperament）是表现在心理活动的强度、速度、灵活性与指向性等方面的一种稳定的心理特征。人的气质差异是先天形成的，受神经系统活动过程的特性所制约。孩子刚一出生时，最先表现出来的差异就是气质差异：有的孩子爱哭好动，有的孩子沉稳安静。

通过简单测试，我们可以把宝宝分为多血质、黏液质、胆汁质与抑郁质四种类型。国外学者把多血质与黏液质称为易养型，把胆汁质与抑郁质称为难养型。在这本书中你会了解到易养型的宝宝也需要讲究教育方法，而难养型的宝宝也并不像想象中的那般难以相处。

不同孩子的气质为何如此不同呢？这起源于不同气质类型宝宝的生理结构，准确地说是神经回路的结构。神经回路是神经元（神经细胞）的连接方式与传递过程，一般来说有四种形式。

多血质是"发散式"的传递方式，当一个神经元受到刺激之后，它会以最快的时间，传递给不同的神经细胞。所以我们看到多血质的孩子具有反应快、表现力强且丰富的特点。

黏液质是"集合式"的传递方式，当一个神经元受到刺激之后，它似乎不会做出特别快或明显的反应。只有信息"一再被证实"，他们才会"采取行动"。因此黏液质的宝宝总会给人以稳重、淡定的印象。虽然也有人会误认为他们反应较慢、不爱动脑子，其实他们一直在思考。

胆汁质是"直线形"的传递方式，当一个神经元受到刺激之后，会以最快的时间做出相应的反应与表态。胆汁质的宝宝思索快，情绪变化也快，甚至易怒。

抑郁质是"环形"的传递方式，当一个神经元受到刺激之后，不会轻易传递任何信息，非要把每个信息反复"检索"。所以，抑郁质宝宝或者成年人在日常生活中会表现出思维缓慢而深刻、情绪波动较弱的特点。

以上这些并非"症状"，而是不同气质类型的人的正常表现，各有各的优势，各有各的弱点，无所谓好坏之分。有意思的是，除了物质需求，各种气质类型的人都有自己特有的心理需求，我把它称作"欲求"。了解了一个人的欲求，我们就可以用最低的成本与其进行沟通与交流。对于成年人而言，了解对方的欲求可以非常方便地与客户进行沟通，维护与领导、同事的关系，对于恋爱也有很大帮助。

那么，四种气质类型的欲求是什么？家长又该如何巧用欲求对孩子进行教育呢？

其一，多血质宝宝：倾听与肯定。

多血质宝宝非常擅长表现与表达，他们从内心深处渴望得到别人的关注。父母可以将"倾听与肯定"作为奖励,使他们内心得到极大的满足。对于0~3岁的孩子,我们用这种方式进行"满足",可以很好地培养他们的自信心,同时也可以维护好亲子关系。需要注意的是,我们的奖励是伴随他们的努力与良好行为表现而存在的,切不可无缘无故奖励。

其二,黏液质宝宝:自我实现。

黏液质宝宝总是表现出一副"成熟""老道"的样子,他们似乎总是有自己的主意。他们对赞美之词不屑一顾,他们希望得到父母的"帮助"。是不是很像一个小领导呢?我们要全面了解黏液质宝宝的最新动态,成为他们成长的"助手",这也是他们最需要的。此外,黏液质宝宝很听话,他们可以接受"有理"的教诲,所以在与他们进行交流的过程中,我们不要说一些套话与空话,而是要多给他们一些建议与方法。

其三,胆汁质宝宝:自由与沟通。

胆汁质宝宝天生急脾气,他们非常重视内心的感受。如果我们过分地将自己的要求强加给他,他们很快便会"翻脸"。比起说教,他们更希望与父母进行平等地交流,这样他们就会很容易接受。胆汁质宝宝是天生的外交家,所以你要适当地给他们留一些"空间",让他们与小伙伴们进行玩耍。你要知道同辈群体间的交流本身就是一场"社会化"的教育。

其四,抑郁质宝宝:陪伴。

在所有的宝宝中,抑郁质宝宝是最"乖"的——他们几乎没有任何过分的欲求。然而你也会发现没有欲求反而成为教育的难题。正因为如此，抑郁质宝宝属于难养型的宝宝。事实上，因为抑郁质宝宝过分缺乏安全感，所以他们不太希望接触外界的环境。在他们眼中，父母的陪伴就是最好的奖励。事实上，我们成年人中也经常有这样的案例。对于0~3岁的孩子，我们一定要争取更多的时间陪伴他们，也可以以"陪伴"作为激励的方法。需要注意的是，有些家长喜欢说"如果你再不听话，我就不陪你了……"之类的话，这会给孩子带来很大的压力，不利于他们健全人格的形成。

不同气质类型的宝宝有不同的欲求，也有不同的好奇心与兴趣。当我们留意了这些好奇心与兴趣，并适当进行关注与培养，它们就会逐渐发展成爱好与特长，甚至最终成为个人的专业与事业。根据气质的不同，我们会发现不同的孩子适合不同的发展领域：多血质宝宝更倾向于表达与表现相关的领域，他们更容易发展成演讲家、演员、教师、培训师；黏液质宝宝更倾向于规划与组织相关的领域，他们更容易成为政治家、管理人员或行政人员；胆汁质宝宝更倾向于沟通与外交相关的领域，他们更容易成为外交家、谈判专家、商人、销售人员；抑郁质宝宝更倾向于思考与创作相关的领域，他们更容易成为艺术家、哲学家、作家。

除了了解孩子的气质类型，家长还需要为孩子搭建更为广阔的平台，让孩子看到未来的发展方向，知道自己应该从哪里开始做起。

早期社交训练需要考虑孩子的气质类型

一个人拥有良好的社交能力，意味着他可以更快地适应环境，所以越来越多的家长希望自己的孩子在很小的时候具备这种能力。可以说，家长们这种殷切的期望是毋庸置疑的，但是有很多的家长却凭着主观的猜测与盲目的举措来"训练"孩子们的社交能力，给孩子的身心造成了巨大的不良影响，反而让孩子出现人际退缩。我们来看看下面几种情况：

1. 强迫孩子在陌生人面前表演。要知道，不是所有孩子都喜欢在其他人面前表现自己，也不是所有孩子都善于在其他人面前表现自己。家长们可能是为了炫耀，也可能是为了调节气氛，总之他们把年幼的孩子推到了大人中间。这种行为不仅不尊重孩子，还会让孩子产生社交焦虑，严重的还可能会留下"当众情结"，即害怕面对多个人。

2. 强迫孩子进入陌生的环境。在多数家长眼中，社交能力强的表现便是可以适应各种不同的环境，所以应该让孩子多去体验与尝试。但是他们可能忽略了年龄的问题，孩子在很小的时候，会对陌生的环境缺乏安全感。没有建立起良好的亲子关系，就不可能让他们获得安全感与自信心。强迫孩子们进入陌生环境，会让孩子们产生"空间恐怖情结"，有损于他们的身心健康。

3. 过多干涉孩子的社交行为。教育心理学家桑代克曾经提出了"试误学习",即错误性尝试,一个人在行动之后得到错误结果后,会进行自我调整,直到正确为止。中国家长对于这种方式并不感冒。他们坚信教导的力量,希望通过自己的英明指导,孩子们不会走弯路,不会吃大亏。事实上,有一些事情是必须教育的,比如作息规律、启蒙知识、礼貌礼仪等,但也有一些则需要孩子主观性地发挥与顿悟,比如社会交往。孩子通过对父母交往的观察,明白了男女之间如何进行交往,或者成人之间如何相处;当他们和小朋友在一起时,一方面他们会借助自己观察得来的经验,另一方面他们也在自我总结。比如在小朋友之间发生争执后,应该如何收场?遇到了不喜欢的小朋友怎么办?有些家长喜欢在这个时候站出来,以一个劝导者的高姿态来到孩子们中间进行"调停",反而破坏了孩子们自己发现问题、分析问题、解决问题的机会。

4. 对孩子的受挫社交精力表示忽视。社交受挫在成年人眼中再正常不过,但是对于孩子们来说是件大事。比如"明明说不喜欢我!""小红他们不带我玩!"当孩子表达他的"遭遇"后,很多家长会采取"敷衍"的方式,或者转移注意力的方式来应对。你的方式也许奏效,但是可能会导致孩子采取压抑的方式来解决同类的问题。从另一个角度讲,这是一次亲子沟通机会,孩子们在这个时候会非常愿意倾听你的建议与意见。

我曾经说过:先了解孩子,再教育孩子。越来越多的家长都已经明白,天生的气质类型决定了教养方式。在社交方面,不同气质类型的孩子会有不同的表现。

多血质,天生的演讲家。多血质宝宝天性好奇,耐心稍弱,灵活性强,稳定性稍弱。他们愿意接触陌生人,也喜欢在大家面前表现自己。但是没过多久,他们的思想就会开小差,甚至跑到九霄云外。他们喜欢赞美别人,也喜欢得到别人的认可与鼓励。面对陌生的环境时,他们喜欢尝试与冒险,胆子很大,但安全意识比较差。他们的社会交往特点是"热得快,凉得快"。

黏液质,天生的实干家。黏液质宝宝,看上去特别老成,好奇心稍弱,耐心超强,有了目标之后,绝不回头。其他任何事物如果不能有益于他目标的实现,都会被视为阻力。从上面的介绍中你会发现,黏液质宝宝在社交能力上并没有太大优势。当进入一个陌生环境,他最大的特点是转圈,不会轻易表达自己的想法,你也很难猜到他表情的含义。

胆汁质,天生的外交家。思维与情绪反应快而果断,情绪易怒,灵活性与稳定性稍差。尽管如此,胆汁质宝宝依旧是天生的外交家。他们擅长的也是他们最大的爱好,就是与人进行平等的沟通交流。他讨厌居高临下的交谈,渴望得到自由,释放自我。

抑郁质,天生的思想家。当他们遇到一件事情的时候,他们善于捕捉这件事情的每一个细节,并努力结合个人经历,耗费很长时间给出一个自己满意的结果。他们天生缺乏安全感与归属感,也不善于和陌生人交流。当进入一个陌生的环境中,抑郁症宝宝会原地不动,静静思考着、担心着。

接下来，我想讲一讲不同气质类型的宝宝应该如何进行正确引导？

多血质宝宝是天生的演讲家，他们容易自我欣赏，从而忽视其他人的感受。针对于此，家长要做好以下几点：一、鼓励他们与不同的人进行沟通交流，并告诉他们这样很棒、很厉害。二、多带他们去见成功人士或有经验的人士，拓展他们的视野，鼓励他们向其他人学习。三、在他们讲话过程中要认真倾听，这样也可以让他们学会尊重别人的发言。

黏液质宝宝是天生的实干家，他们说话少，目标明确，易把人分为"有用之人"与"无用之人"。对此，家长要做好以下几点：一、通过协助他们的方式取得他们的信任。二、通过理性的分析与建议，让他们体会沟通的重要性。三、多开展家庭圆桌会议，讨论的议题最好是他们感兴趣的话题。

胆汁质宝宝是天生的外交家，他们天生会说话，会交朋友，是性情中人。针对这样的情况，家长们可以做好以下几点：一、成为他们的朋友，用朋友的语气与他们对话。二、设计谈话的主题，以类似于茶话会的形式与之分享。三、不要无缘无故地赞美与褒扬，保护胆汁质宝宝那种天然的质朴与真诚。

抑郁质宝宝是天生的思想家，他们比较悲观，这主要是因为他们缺乏安全感。针对这样的孩子，家长可以这样做：一、不要强迫他一个人去表演或冒险。二、在社会交往方面，可以进行一些示范，供他们参考。三、多进行亲子互动，或陪伴他们参与集体活动，比如体育运动、乐器演奏等。

不同类型的宝宝需要不同的教育策略，这需要我们掌握气质教育的知识，同时也需要我们全面了解孩子与孩子的需要。可以说社会交往就是人的一种生存与发展的需要，一个拥有良好人际魅力的人，会在社会中获得更多的机会。"知己知彼，百战不殆。"了解自己的气质类型还不够，还要明白对方是什么气质类型，这样才可以更好地与他人进行交往。方法是"投其所好"，但捷径却是"以诚相待"。只有站在对方的角度去思考，能够包容别人，愿意帮助别人的人，才会最终成为"社交小达人"。

想知道你家宝宝属于什么气质类型吗？不妨来做做以下的小测试吧。

1. 关于笑的表现

A. 很爱对人笑，没人的时候自己想起好玩的事情也会笑

B. 比较爱笑，但比较腼腆

C. 在交流过程中特别爱笑

D. 不太喜欢笑，小的时候也比较腼腆

2. 关于哭的表现

A. 比较爱哭，哭的原因很明显，比较好哄

B. 不太爱哭，哭的时候也比较好哄

C. 爱哭，哭声很大，很多时候不知道什么原因

D. 爱哭，但不会大吵大闹，不容易哄

3．关于陪伴的表现

A．有人陪伴就会"人来疯"；不陪伴自己也能玩得很开心

B．陪伴与不陪伴不会有太大变化

C．喜欢和陪伴的人一起玩，但不喜欢管教

D．陪伴时会表现出很满足的样子，情绪变得很平稳

4．当遇到一个陌生人的表现

A．会主动打招呼，但发现对方不是好观众，立刻终止对话

B．会仔细打量陌生人，甚至转着圈看陌生人

C．自来熟，主动和陌生人攀谈起来

D．不会和陌生人聊天，会回避或观望

5．当看见你拿出一个礼物时的表现

A．会问你的礼物是什么牌子的，多少钱，干什么用的等各种问题

B．没有什么明显反应

C．会表现出很兴奋，然后说出礼物的名字

D．会思考你为什么会买这个礼物

6．当取得了好成绩时的表现

A．奔走相告　　　　　B．默默喜悦

C．大声欢呼　　　　　D．寻找亲人

7．关于目标

A．目标一般是奖品或者得到赞美

B．目标是自己定的，有具体的计划

C．很少设计目标

D. 目标就是自己感觉良好

8. 关于管教

A. 愿意讨好教育者

B. 你的空话套话他很反感，你的建议与方法他很赞同

C. 从来就讨厌并抵触管教

D. 不太理解你的要求

其中，选择A最多的是多血质宝宝，选择B最多的是黏液质宝宝，选择C最多的胆汁质宝宝，选择D最多的是抑郁质宝宝。

父母就是孩子的心理咨询师

很多家长都困惑：如何理解孩子？因为不理解或者理解失当，而难以与孩子进行沟通或者是用了错误的方法教育孩子，这些都是常见的现象。年轻父母们乐于学习科学的教育方法，但"理解"这门功课本身就是人类的难题。

理解孩子对于教育究竟有多重要？理解是孩子健康成长的一部分，还是孩子的一种需要？理解应该是双向的，还是单方向的付出？什么才算理解呢？这些问题，在亲子问题咨询中尤为常见。事实上，"理解"二字天天挂在嘴边，天天充斥社会，却很

少有人践行。当然，也就只有很少的人可以"享受"到它了。我想，可以享受别人的理解，也是工业社会背景下的人的一种福祉。

理解究竟是什么？估计问一千个人，就会有一千种答案。幸好，我们有一种权威的工具叫词典。词典中说理解就是据理了解。通俗来说，就是根据道理去了解。这样看来，"理解"与"了解"的区别，不过是对他人信息"深加工"与"粗加工"的过程。诚然，理解与了解的本质都是对于某人或某事的关心，但理解真的就是了解的简单升级吗？我想，答案是否定的。在日常生活中，我们听到"理解"和"了解"这两个词时，会明显感觉到不同的气场。"理解"中夹杂了更多的情感成分，能让人体会到温暖的力量。"理解"不是"了解"，它不是单纯的心理活动，一定会伴随一些"行动"，这正是它与"了解"的区别。

我觉得，理解是对他人的需要做出合理化的解释。很显然，"合理化"标志着理解是一个高级的心理词汇或心理现象。不可否认，理解是难的。作为咨询师，我们经常会使用"你说的，我理解"这句话。有些人把他当作咨询技术，其实在这句话之后，还应该给咨询者一种科学合理的解释。心理咨询师利用心理学知识解读了求助者的烦恼，如为什么我看见某个人就会恐惧？为什么我对考试总感到焦虑？如果真正理解求助者，就要彻底了解他的过往和基本资料，然后给出一种来自心理学的解释。当求助者听到科学合理的解释后，便会减轻大部分的心理负担，解决个别心理问题也就变得容易多了。

从某种意义上说，父母就是孩子的心理咨询师。也许我们不懂弗洛伊德的精神分析法，也不懂罗杰斯的人本主义理论，但是我们同样可以运用一些简单的心理技巧，解决孩子的烦恼，塑造孩子健康的人格。"理解"就是对孩子的一种心理辅导，它是基于对孩子的了解。只有充分地了解孩子，我们才知道哪些是他们的不足。我们站在家长的高度，会比孩子更轻易地发现影响他们发展的障碍物。我们也可以预言，将来他们必会因为某些烦恼而向我们求助，而我们早已想到了对策，完全可以"理解"孩子。

我们可以通过了解、理解、建议三步走的方法，对孩子进行支持，这与荣格的心理分析过程相似，只是缺少了个人阐述阶段（弗洛伊德阶段），因为儿童本身就处于个人阐述阶段。

了解是最基础的环节，也是最重要的环节，从这个环节中，我们可以清楚得知儿童的需要。经过学习，我设计了一个"漏杯理论"，希望能给家长朋友们提供一些思路。

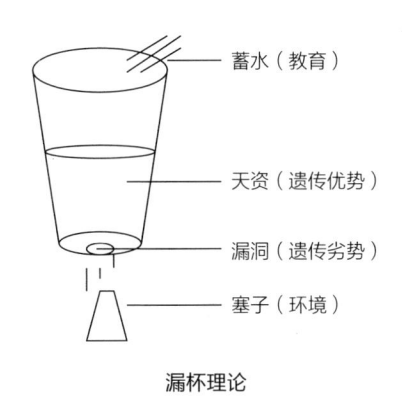

漏杯理论

- 蓄水（教育）
- 天资（遗传优势）
- 漏洞（遗传劣势）
- 塞子（环境）

我曾经跟我的学生说，没有一个人生下来是一件完美的工艺品，我们要做的，就是用一生的时间来修缮自己。就像上图一样，我们每个人生下来就是一个残缺的杯子，杯子下面的漏洞不是你想要的，但它是客观存在的，它代表遗传。

遗憾的是，我们父辈、祖辈赐予我们的天分、天才都随着他们同样无偿赠予的"先天不足"而流失了。这就是为什么我们总觉得力不从心，能力发挥不出去，情感表达不出来。所以，你首先要了解父辈、祖辈给了你哪些超人的潜质（如父母良好的性格、气质、能力等），其次，你也要了解父母的一些不良心理习惯、生理习惯以及行为习惯。比如父母性格暴躁，又具有血压高的症状，他们的孩子从小就要注意克制自己的脾气，这就是遗传漏洞给我们带来的麻烦。另外，试验表明，父母接受了良好教育，他们的孩子一般在分析、理解问题上会比较有建树。

然而，值得庆幸的是，上帝赐给了我们一个"塞子"。这个塞子就是用来弥补遗传这个漏洞的，它的名字叫环境（这个环境是泛指的）。有些人不喜欢周围的环境，有些人逃避环境，其实都是不适应环境的表现。而不适应环境的原因就在于他根本不了解自己所处的环境。在我看来，环境就是个人与他人、集体、社会的互动关系。我们应该尽可能地为孩子创造良好的家庭关系和邻里关系，如果环境已不可控，我们则可以效仿孟母——搬家——寻找一个新的"塞子"。

大多数人重视教育，但并不了解教育。曾经有人说，教育是教师的天职，其实这是片面理解了教育与教师的概念。教育即教书和育人，教书是对前人经验的一种传授，意思是不让我们的孩子忘了老祖宗的文化；育人实际上是更高一层的要求，而这项要求不是靠教师一个人就可以做到的，它需要家长、社会、政府的配合来完成。现在新课程标准对教师的要求是"教学相长"，意思是在课堂上教书的过程中，学生有所提高，教师也应该有所收获。我将其"发扬光大"，认为教师、学生在课堂上应该是一种"平行"关系。在真理与知识面前，我与学生都是探索者，我们一起朝着未知领域迈进。在我的课堂上，学生永远不是观众，他们是主角，而我是配角兼导演。同样，在家中，我们做家长的，不要把孩子视为有趣的玩偶，也不要把他们看作待命的小兵，而要先把他看作一个独立的个体——人，给予他尊重与肯定。很多时候，你不如和孩子保持一种"平行"关系——将平等的观念植根于他幼小的心灵，向他倾诉工作的疲惫，也倾听他学校的生活；为他做好美味佳肴，也希望他能够做些简单家务；谈谈你对生活的看法，也让他说说对生活的期望。简而言之，我们要给孩子话语权，这是让他学会负责，而不是依赖。这种"平行"的家庭教育将会让孩子受益一生。

  遗传、环境、教育都是孩子成长最基本的信息，只有全方面了解，才能知道孩子的"短板"在哪里？当孩子问到一些具体的问题，你应该运用科学的知识去解释，用平和的心态去回复，这才是理性的爱。

理解就像上台表演一样，台上一分钟，台下十年功。为了孩子的健康成长，我们需要有很多的知识储备。哄骗或者敷衍、恐吓，都会在不同程度上对孩子造成心理伤害，更会对他日后的行为方式造成负面影响。

我的建议就是根据了解、理解，对孩子设计的目标提供可操作的方法。这需要妈妈们细心观察，并认真地学习儿童心理学等相关知识，从而为儿童发展做出"真正"的贡献。请记住，有些看似对孩子好的语言并不是建议，如"你就应该好好学习！""你得变得积极主动一些！""困难像弹簧，看你强不强，你强它就弱，你弱他就强！"这些话听起来语重心长、循循善诱，其实不过是家长在变相地抱怨孩子。孩子在听到这样的"建议"后，依旧是一头雾水，反而更加叛逆。可以说，在我们说出这些话的时候，并不清楚应该怎样去做。我们的"强词"裹上了我们关心的糖衣，显得顺理成章。而事实上，只有建议才能让孩子体会关心，只有建议可以真正帮助到我们的孩子。因此，我建议，如果遇到我们不能够解释或引导的问题，还是应该实事求是地寻求心理咨询师、教育咨询师，或者其他专家的帮助。他们可以为你的孩子提供可操作的方法，解决你的燃眉之急。此外，"求助"也是一种人生智慧，我们要让孩子明白，个人的成长或成功，总会需要外界的帮助。

可以说，心理咨询真的是一项专业技术，如果能够运用到亲子教育当中去，必然会给儿童成长带来数不尽的好处。家长的支持就是孩子最大的社会支持系统，会让孩子的内心真正感觉到温暖，并促使家庭成为他奋斗一生的力量来源。

你的宝宝是难养型还是易养型

在成为父亲之前，我对儿童的气质进行了简单的研究，如果按照灵活性而言，多血质与黏液质较强；如果按照稳定性来说，黏液质与抑郁质较好。你要知道气质是心理特征，也是生理特征，它是人的天生特性，并将影响人的一生。"天生的气质类型决定教养方式"，我们了解孩子应该从气质开始，这是我在韩国育儿专家写的《气质育儿新法》中看到的内容。该书比较浅显易懂，但有一个说法让我印象尤深，他说儿童分为"难养型"与"易养型"，还说韩国有一种说法叫作"没有孩子就是好命相"——这让人产生一种恐惧感。生孩子难，养孩子会更难吗？

根据我的研习，多血质与黏液质的宝宝是比较容易养育的儿童类型，胆汁质与抑郁质的宝宝是相对不容易养育的儿童类型。这是因为易养型儿童往往具有较强的企图心，而难养型的儿童往往具有较强的防卫心。易养型的儿童会主动去争取别人的评价或奖励，会更容易迎合他人的要求与心情，换句话说，他们更具有适应性。怎么判断你的宝宝是易养型的还是难养型的？

方法很简单,他们在表达自己的心情或情绪时或哭、或闹、或喊、或笑——我们要观察他们是不是具有表达的逻辑性与情绪的自控性。表达的逻辑性就是他的行为与需要之间是否是合理的,比如饿的时候、渴的时候、尿的时候等,他会用哭的方式提示家长注意,而在不饿、不渴、不尿等正常的时候,他们不会哭闹。在女儿千慧4个月的时候,我发现了她的一个变化,当她饿了的时候她不再像刚出生的时候眼泪翻滚,而是学会用"干打雷不下雨"的方式来试探父母的注意。她发现用很小的力气就可以得到丰盛的乳汁,并且发现妈妈似乎更喜欢她比较轻微的动静,这使得她把这个行为保留了下来。当然,如果我们都在忙,她感觉自己的"伎俩"没有得逞的时候,也会潸然泪下,并且会用短暂的摇头表示"拒餐"和抗议。

4个月以来,我最难忘的除了千慧猛长的身高,还有她那迷人的微笑。笑得越早越聪明,我宁愿相信这是科学的结论,因为千慧不到一个月就会笑了。也许是遗传的伟大,没有人教,她就会咧嘴坏笑,千慧妈说:"这就是你的标志!"千慧2个月大的时候,我给她买了质量非常好的红色氢气球(由于红色波长,孩子对红色物体更为敏感)。在推气球的时候,她会发出长长的笑声。千慧3个月大的时候,我与她面对面,左右摇动头部,做出funny的表情,她的笑声越来越响亮,这让家人感到非常惊喜。千慧4个月大的时候,我经常出差,在忙着出门的一瞬间,我还不忘和她来个四目相对，我敷衍地一笑，准备转身，却在一瞬间，发现她也冲我敷衍地笑了一下。

情绪的自控性说的是孩子可以比较好地调节自己的坏心情。如果婴儿会吮手指，并且吮的时候非常惬意，这足以证明他具有很好的情绪控制力。当然，吮手指是 0~1 岁婴儿情绪调节的方法，并不是大孩子调节情绪的方法，这点要感谢网友"可爱的亦然哦"的提醒。孩子 1 岁之后，我们并不需要使用严厉方式来制止这种行为，而是要采用感统训练、亲子游戏等理性而有趣的方式进行"替换"。吮手指是孩子们必须经历的一个人生阶段，所以家长们不必过于担心。能够自娱自乐是情绪自控力的又一表现。我发现 1 岁的千慧并不喜欢你去抱着她，而是希望你可以和她交流，或提供娱乐——事实上，她躺在床上可以自己翻滚，可以对着床头和有声玩具互动，这比起你不言不语地抱着她有意思多了！

其实，难养型和易养型并没有那么绝对。理由是父母的气质类型、包容性与教育方法也并不一样。大多数情况下，父母中至少有一方和孩子是同一种类型的人，这样就保证了父母对于孩子的行为与情绪是能够理解与接纳的。所以我们应该把更多的精力放在教育方法上面。

积极看待孩子的缺点

孩子生下来是完美的，每年发现一个缺点，直到孩子要结婚时，你会发现他简直就是无药可救！怎么回事？是孩子真的变坏了，还是我们对于孩子的喜爱是有保质期的呢？其实都不是，是我们的期望太高，方法太少。也可以说，我们因为没辙所以烦躁，所以死盯着孩子的缺点不放，所以讨厌孩子。我虽然不是提供给家长实现期望的方法，但至少可以告诉你缓解讨厌孩子的方法。

我的一个在出版社工作的朋友因为孩子的暑假作业总空着一些难题而感到苦恼。很显然，他的期望是让孩子把暑假作业做得完完整整、正正确确。这个期望能实现吗？有趣的是，他是做图书质检工作的，容不得别人有瑕疵，这对于孩子而言确实有失公平了。于是我站在孩子的角度跟他谈了谈：

我：这件事情您很烦恼？

朋友：嗯，老空着一些，看着就让我烦！

我：我倒觉得您可以高兴！

朋友：什么意思？

我：您的孩子情商很高啊！

朋友：为什么这么说？

我：当遇到挫折和困难的时候，他没有停滞不前，而是绕过去继续前行啊!

朋友:呵呵,你不愧是搞教育的,这孩子脑子确实不笨!

看着他得意的笑,我感觉我完成了心理咨询工作的第一步:处理情绪。其实在日常生活中,我们也可以学习这一点,在处理任何问题之前,先要处理情绪。将情绪调整成积极的、健康的一面是解决问题的前提。

如果你眼中只有孩子的缺点,那你早晚会讨厌孩子。因为你必须知道孩子的很多缺点是改不了的,这些并不应该是我们关注的焦点。我们需要关注的是孩子们可以改变的内容,这就要求我们先了解孩子,尤其是了解孩子的心理特点。

有一次我参加高中同学聚会,曾经教我们的老师也来了。她跟我们抱怨现在的孩子没有我们那时候好管理了。她还给我们举了一个例子:初二的孩子当着她的面时表现得很乖巧,背后却在网络上说一些脏话骂她,她不知道该如何面对这些孩子!

我安慰老师,现在的孩子不是不好管理,而是更好管理了。他们已经学会了社会的规则,在学校里应该有学校的样子,在虚拟世界是另一种样子,这就是一种成熟的表现。他们在老师面前的乖巧说明他们顺应环境的需要,懂得了自我保护,在虚拟世界进行发泄,像成人一样发泄,这是非常正常、自然的现象。

老师听完也微笑着点点头,表示赞同。

了解孩子,不能单纯地从生理年龄的角度去了解,而是应该把孩子放在社会化的过程中去了解，或者说把孩子当作社会里的孩子去了解。苏霍姆林斯基说过，没有一个抽象的孩子。当你学会积极看待孩子的缺点时，你会发现孩子没有缺点，有的只是孩子需要面对的问题。我们需要做的不是指出孩子的缺点，而是鼓励他们自己面对问题，教会他们正确看待问题，询问他们有什么事情需要帮助。

我始终觉得家长在孩子的成长道路上，扮演的不是领导、不是法官、不是教师，而是助手。我们不是冲锋陷阵的人，而是提供一些建议、为孩子打下手的人。这样做的好处就是能够让孩子们尽早成为生活的主人，尽早成熟起来。

你的这句话是引导还是误导

与小孩子说话不仅是一门艺术，更是一门科学。一句话可以引导孩子，让他们驶入人生正确的航线；一句话也可以误导孩子，让他们陷入明天的沼泽。裴斯泰洛齐说过，母亲与孩子交流，是孩子未来人际交往的理想典范。也就是说，你怎么说，将来孩子就会怎么说。除此之外，语言的使用往往会带有很深的心理暗示作用，要知道0~6岁，尤其是0~3岁的小孩子非常"听话"，他们愿意倾听与相信父母说的每一句话。这个阶段的小孩子，正处在性格的"服从期"，为了获得生存经验，他们必须在行动上进行模仿，在语言上加强学习。这是因为他们的自学能力与感知觉并不发达，所以父母的一句也就顶上一万句了。我们从以下几个常见问题说起。

其一，客观评价是引导，主观评价是误导。

所有人都躲不过两件事情，一件事情是死亡，一件事情就是别人的评价。成年人对于人的评价会有很多种反应，有的人一笑了之，有的人却紧张兮兮。0~3岁的小孩子则不一样，他们还是一张"白纸"，正等待着父母为他们定这张画的风格。

在现实生活中，家长朋友往往会采取两种不太恰当的方式去评价我们的孩子。第一种是过高评价。一方面我们望子成龙，另一方面自己的孩子在自己的眼中当然是NO.1的！常见的评价有"宝宝是最棒的！""宝贝就是个超人！""你真是个天才，最聪明的天才！"可以肯定这些话都是真诚的，而非客套话，其中反映了父母的过度期望。0~3岁的宝宝当然不会感觉到压力，但他们开始相信自己就是NO.1，因为这是父母"钦定"的，错不了。然而，这种错误的认知形成了"积极"的暗示效果，并且会埋藏在他的心灵深处。长大之后，这样的孩子会形成功利的性格，由于总认为自己是NO.1，他们不能接受自己的失败和别人的负面评价，他们会生活得很辛苦。第二种是弱化评价。有一些家长，并不看重评价对于孩子成长的重要意义。他们会这样对孩子说："你是一个普通的孩子。""我们大家都是一样的。""你和其他的小朋友没有区别。"可以说过度评价太"火"，弱化评价的做法又太"温"。如今已是一个开放的、主张个性化的时代，良好的个性非但不会脱离群体，反而更容易被大家所喜欢。拥有个人特点，才会拥有个人魅力，才能增强人际吸引力。世界上没有完全相同的叶子，世界上也没有完全相同的孩子。弱化评价，就是弱化孩子的个性，这样做会打击他的自信心，甚至导致其形成抑郁性格。

总的来说，带有个人色彩的评价都是误导，会在一定程度上影响孩子的性格以及他与人相处的方式。

正确的评价语就是客观的评价，我们的语言可以委婉，语气可以随和，关键是让孩子们早一些接受正面与反面的双向评价，同时更加全面地了解自己。还有一种做法是设计"富兰克林表"，在一张白纸的中间画上一道竖线，左边让孩子写5个优点，右边让孩子写5个缺点，目的是让孩子们客观地评价自己、认识自己。

其二，安慰也分"引导型"与"误导型"。

当孩子磕到了椅子，当孩子摔了跟头，当孩子搭错了积木……孩子会伤心，会哭泣，我们应该说些什么？我们自然会将母爱或父爱大面积地覆盖在我们的安慰中，然而要知道，简单的一句话可能会让孩子学会坚强，也可能会让孩子变得无比脆弱。有一个案例：

3岁的形形在家里自由自在地奔跑，突然，她被桌腿绊倒了。一阵剧痛让形形不禁失声痛哭。妈妈这时候走过来，对她说："只要你不哭，妈妈就给你糖吃。"这一招确实很奏效，彤彤果然不哭了。

貌似很高明的做法，其实仍然是不当的语言。不哭与吃糖没有关系，吃糖与摔倒没有关系，妈妈的一句话让这些本来没有关联的事情连接在了一起。这样做的后果是，孩子会形成一种条件反射，只要哭就可以得到糖。传统的做法可能更为可笑，妈妈会使劲打桌子，让孩子感觉自己是无辜的，是受保护的。彤彤妈妈的做法有进步，但不是最好的做法。误导式的安慰会让孩子形成错误的思维定式，会让孩子失去独立思维与独立性格，最终变得更加依赖父母。

正确的安慰应该是理性的归因。我们可以一边抚摸孩子的头，一边告诉孩子摔倒是一件很正常的事情。很多家长把孩子的一些举动定义为闯祸或犯错，其实是小题大做。0~3岁的孩子做的任何事情都不会坏到哪里去，唯一坏的事情是他们没有保护自己的意识。我们可以和孩子说，在屋里活动可以锻炼身体，但是也要注意安全，注意安全是做任何事情的前提，我们虽然摔倒了，但是长了经验，以后注意了就不会摔倒了。

不要拦着孩子尝试做自己喜欢做的事情，而是引导他们正确地去做喜欢做的事情。

其三，鼓励容易误导，建议才是引导。

你喜欢鼓励孩子吗？鼓励里面藏着很深的学问。我们通常认为，对孩子进行鼓励，可以让孩子做得更好，甚至有助于孩子形成良好的行为习惯。然而你可否知道你的不当的鼓励不但不会让孩子做得更好，反而会让孩子迷恋上夸奖与奖品。

鼓励并不是什么时候都可以进行的，就像大餐，偶尔吃一顿会让人垂涎三尺，然而经常吃就会觉得平淡无奇。鼓励是精神奖品，从本质上来说与物质奖励是没有区别的。有些人认为多一些精神激励既省事，又省钱，又省力，三全其美——然而，我们却忽视了培养孩子的独立意识，因为很多的事情是孩子出于自己的兴趣去做的，他们可以承受挫折，我们也应该让他们知道这本身就是实现目标的一部分。有的家长总是自认为很聪明，没事就在孩子身边说："好的，你真棒！""你会做得更好！""真是你做的吗？了不起！"所以，我坚信孩子的行为要分为两部分：当我们主导孩子做事情的时候，如进行感统训练或培养良好习惯时，可以对孩子进行鼓励；当孩子自觉去做一些事情的时候，我们先不要鼓励，当你发现孩子坚持做某件事情，并且没有转移注意力的迹象，却又因为屡遭失败而倍感伤心时，我们再进行鼓励。

其实，比鼓励更好的做法是建议。建议的内涵是提出解决方法与解决途径。这对于0~3岁的小孩子尤为重要。世界上的每一件事情对于孩子来说，都是全新的、陌生的，或者说是困难的。我们应该告诉孩子正确的做法是什么，或者更好的做法是什么，这显然是最好的鼓励方法。另外，我们还可以一边建议，一边进行示范。孩子们的模仿能力很强，而且他们很喜欢模仿，这也就是为什么身教往往胜于言传的原因了。

其四，对的批评是引导，错的批评是误导。

如果说孩子天生会哭，家长天生会的就是批评。比起年幼的孩子，经验较多的我们很容易辨别孩子对的行为与错的行为。我们常见的批评有哪些呢？"这样不对！""太淘气了啊！""你做得太差了！""我揍你啊！"……我们会发现，批评成为家长的一种特权，我们拿它主要用于宣泄对于孩子的不满和自己心头的不快。其实，批评与鼓励一样，都是教育的方法，我们只是没有将它充分利用好罢了。有这样一个案例：

3岁的瑞瑞在幼儿园里的表现一直很好，老师们也非常喜欢她。有一天瑞瑞的老师把瑞瑞妈妈叫到身边，告诉她班上的小男孩亮亮总是亲瑞瑞。瑞瑞妈妈立刻火冒三丈，对着瑞瑞批评道："瑞瑞，你怎么不知道躲着点啊！你知道外人的口水多脏吗？以后离亮亮远点……"

其实亮亮吻瑞瑞也是喜欢瑞瑞的表现，亲吻只是孩子模仿大人的表现罢了。当然，妈妈在知道这件事情的时候会不淡定也是正常的，但是她却不知道这句话会给孩子带来多坏的影响——当瑞瑞长大，在谈恋爱的时候，男孩想亲吻瑞瑞，她可能会陷入到万般恐惧当中。妈妈的一句话可能形成了她的"拒吻"情结，可以说是妈妈的一句话毁了孩子的幸福。

正确的做法是，我们应该用合理的方式为孩子解读这件事情："亮亮是同学，他是因为喜欢你才这样做的，可是要知道，亲吻是大人们表示友好的方式，一起玩耍是孩子们表示友好的方式，我相信你可以很好地处理这件事情。"

在与孩子的对话中，我们经常会进行评价、安慰、鼓励或批评，只要我们把握住客观与理性这两条原则，就不会出现大的"误导"。要正确引导孩子，还需要我们阅读更多的育儿图书，掌握正确的育儿知识，全面地了解孩子。

每个孩子都有一棵成长树

"啃老"是一个好词还是一个坏词？发明这个词的人一定是一个文字大师，一个动词和一个形容词的结合，生动形象地表现了当今的一个热点现象。社会学家认为这是财富分配不均导致的家庭问题；心理学家认为这是青年人缺乏社会环境适应能力导致的自闭行为。我认为这是人际关系的萎缩，是父母教育的问题。

其实，作为个体，我们既改变不了贫富差距的社会现状，也不能为我们的孩子安排他们的未来，我们要做的是抓住现在，让孩子从现在开始有机会"啃老"！

我这里所说的"啃老"是一个褒义词，是积极的。"啃"指的是积极主动地"利用";"老"指的是容易获取的任何"资源"。只有从小善于利用资源、合理利用资源的人,长大后才不至于真的"啃老"。因为在充满雄心壮志的他们的眼中,"老"早就不是指代父母,而是他们之前拥有的一切背景。背景(background),是一个人的生存、发展、立足之本。就像牛顿说的,我只是一个踩着巨人肩膀的人。一方面是谦虚,一方面也是实话!在牛顿取得力学上的伟大成就之前,有多少位不知名的物理学大师无私地为他铺路呢?牛顿乃集大成者,但他也充分利用了历史人物的经验与理论,并将其升华。可以说那些不知名的大师们就是牛顿的背景。

我忽然想起我的妻子讲过的一个幽默笑话,觉得特别应景:在《西游记》中,唐僧一行经历了九九八十一难,每次遇难都有一个固定模式,那就是"大师兄外出——师父遇到妖怪——二师兄、三师兄拯救无效——师父被掠到妖精宅邸——大师兄斩妖除魔救出师父"。由此可见,和韩剧一样,我们的古典小说也是有套路的!只是那妖精的下场有所不同罢了。经过仔细观察,我们还可以将其分为两类:没背景的妖精被大师兄一棒打死了;有背景的妖精都被自己的 boss 安全带走了。

笑过之余,我想吴承恩若是在现代,也可以被称作成功学大师。他非常通晓人际关系的奥秘,在主要角色的设置上更是照顾了不同性格,让人可以在故事中找到自己的形象,并看出自己在为人处事方面的缺陷。孙悟空大闹天宫的故事伴随了我们的童年,哪一个孩子不是把他当作偶像来崇拜?连天兵天将都拿他没办法，取经路上那些小偷小摸的妖精又岂是他的对手？说来有趣，大师兄能耐大，却一生奔波劳碌，差点"过劳死"，小妖怪们却可以享受人间仙境，独乐一方。主要是因为小妖怪有大背景。

回到我所说的"背景教育"，背景其实是指我们的过去。我们过去的文化背景与关系背景决定了我们今天的发展，这些背景顺理成章地成为我们今天的资源。培根曾说，读史使人深刻。我们关注更多的是别人的历史或社会的历史，却很少有人关注自己的历史。其实我们想要发展，就要先了解自己的历史，从自己的历史中找到属于我们的资源。我们的历史中隐藏着太多意想不到的收获。当然，啃历史也是一种啃老。

进行背景教育，让每个孩子都有一棵"成长树"是非常有必要的。以我自己为例，让大家看看应该如何勾勒自己的"成长树"(如下图)。

当然，这是不太具体的描述，但可以清晰地看出在人生的主干上，你有很多可以选择的枝干，而根据"蝴蝶效应"的原理，只要改变了其中的一次选择，你的人生就会被改写。作为父母，我们做出这棵"成长树"，可以清晰看到我们这一路走来的风风雨雨，更可以从里面找到我们早已忘记的一些资源。例如我在做儿童阅读推广的时候，自己会写一些歌，录音的时候我很快找到了一些爱好音乐的朋友，他们对我提出了一些中肯的意见，并友情为我录制歌曲；我在从事少儿出版工作的时候，又经常用到我曾经在学校辅导儿童的经验，这让我可以比其他同事更好地进行图

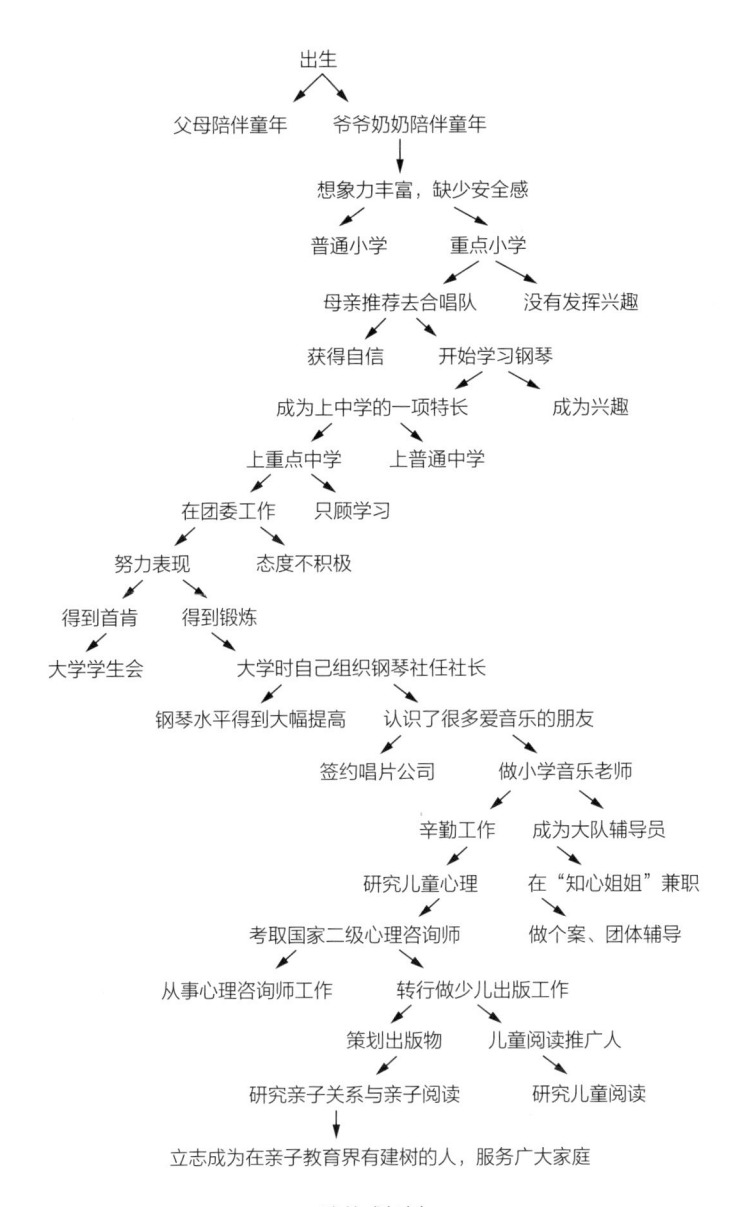

02 了解孩子是教养的前提——因材施教

```
                              出生
                               ↓
          父母陪伴童年        爷爷奶奶陪伴童年
                               ↓
                       想象力丰富，缺少安全感
                          ↙            ↘
                      普通小学          重点小学
                          ↓              ↘
                   母亲推荐去合唱队        没有发挥兴趣
                      ↙        ↘
                  获得自信    开始学习钢琴
                               ↙      ↘
                   成为上中学的一项特长    成为兴趣
                      ↙        ↘
                 上重点中学    上普通中学
                    ↓            ↓
                 在团委工作     只顾学习
                  ↙    ↘
              努力表现   态度不积极
               ↙   ↘
           得到首肯  得到锻炼
             ↓        ↓
         大学学生会   大学时自己组织钢琴社任社长
                     ↙              ↘
             钢琴水平得到大幅提高    认识了很多爱音乐的朋友
                       ↙              ↘
                   签约唱片公司       做小学音乐老师
                       ↓              ↘
                    辛勤工作         成为大队辅导员
                       ↓              ↘
                   研究儿童心理      在"知心姐姐"兼职
                       ↓              ↘
                考取国家二级心理咨询师  做个案、团体辅导
                    ↙        ↘
         从事心理咨询师工作   转行做少儿出版工作
                             ↙        ↘
                         策划出版物   儿童阅读推广人
                             ↓           ↓
                   研究亲子关系与亲子阅读  研究儿童阅读
                             ↓
              立志成为在亲子教育界有建树的人，服务广大家庭
```

我的成长树

书的策划与宣传。

在孩子很小的时候，我们就要让他们接触这棵"成长树"，也要让他们了解我们的"成长树"，并将其作为参考。每一步既有父母的指导，更有自己的决策，这样会让他们更有存在感。事实上，我在很小的时候并不知道自己将来要做什么，但是我知道我做的每一步是为什么，我将走向何处。

通过"背景教育"，希望我们能建立起教育孩子的"三景"理论：背景是我们的过去，全景是我们的现在，愿景是我们的未来。了解我们的背景，把握我们的全景，追求我们的愿景，使我们始终活在奋斗中，活在拥有中，活在快乐中……

每个孩子都有一个幻想的朋友

卡洛琳娜5岁的时候，特别喜欢她的大哥哥让。让总会在放学后来幼儿园接她，教她做作业。每当其他男孩捉弄她的时候，让总是保护着她。最让卡洛琳娜开心的是，让总是开着小摩托车载着她到处玩。是的，让就是这么一个超级棒的大哥哥。可问题是，这不过是卡洛琳娜的想象。在现实生活中，卡洛琳娜只有一个3岁大的、在她眼里总是碍手碍脚的小妹妹。幻想中偷吃糖果的朋友、会说话走路的玩具……孩子们的世界里总是有好多离奇的故事，他们坚信这些都是真实存在的。

精神分析学家帕斯卡尔·内沃指出："大约2/3的2岁半到7岁间的孩子会经历这样一个想象力丰富的时间段。我们甚至可以把这个阶段看作在孩子个人意识形成过程中的正常现象。在出生后的7到9个月里，小婴儿对自己的存在是完全没有意识的。现实和虚幻对他来说是混淆在一起的，他还没有能力做出区分。"逐渐地，婴孩脱离母亲，学着独自面对这个世界，但是要等到7岁左右，也就是众所周知的"开始懂事的年纪"，他才能真正地学会分辨真实和虚幻的事物。

不知道作为家长的你是否有所察觉，但现实的情况就是这样。每一个孩子至少有一到两位虚拟的朋友，他们不知道什么是朋友，他们也不知道那位朋友根本不存在。他们只是傻傻地相信，傻傻地陪着，傻傻地一起游戏。直到他们的内心足够强大时，朋友便自觉地离他而去。

反观我们自己我们会发现，成人世界的朋友有着特殊的意义，他是让我们维系我们的社会关系，帮助我们生存与发展的伙伴。一方面我们依靠情感，一方面我们依靠互利互惠这种模式。在社会心理学中，人际关系被解释为心理距离，最远的距离是路人，最近的距离是恋人——朋友则在其中摇摆不定，时刻都有"下岗"的可能。从某种程度上说，朋友是世界上最"暧昧"的一个词。

朋友是人的需要。一、出自本能。人的祖先便是群居的，他们一起生活，各有分工。遇到紧急情况，比如对抗大型野兽的时候,部落成员会群起而上。根据进化心理学的观点,我们的很多行为是环境选择的结果,这使得我们不得不延续祖先的行踪。
二、满足安全感。在一个陌生城市,"遇故知"自然是最大的幸事,朋友会让我们的气场稳定下来,情绪稳定下来。这也就是为什么很多人容易受到骗子的蛊惑,因为他们太需要得到支持与温暖了。三、社会需要。我们要实现一个目标,自然要奋斗,但如果有了对的朋友,我们便会得到精神、物质与关系方面的支持,离目标愈发接近。

孩子,尤其是6岁之前的孩子可没有那么多心眼,他们的朋友观是非常纯洁的,当然他们自己并不知道这一点。他们需要"朋友",是因为他们需要更好地了解自己,通过"朋友"把自己和周围的世界一分为二。

非要"幻想"的朋友不可吗?在出现"幻想"的朋友之前,还有很多资源尚未被利用与开发。

1. 亲子关系。就像心理学家阿德勒说的,母亲与孩子的交往是孩子成人之后人际交往的理想典范。建立良好的亲子关系,对于儿童的情商培养与人际交往能力的提升大有裨益。0~3岁,3~6岁分别有着不同的早教主题,而家长往往把极其有限的时间用来教孩子死记硬背唐诗宋词,从而错过了培养亲子情感,维护亲子关系的最佳时期。值得一提的是,亲子关系是要靠亲子沟通来实现的,亲子沟通需要有共同的话题。你会发现有些家长很善于使用绘本、运动或亲子游戏与孩子进行交流,有些家长则不知道如何与孩子相处。然而不可否认的是，与孩子进行交流是困难的，一方面我们需要理性地使用语言，一方面我们还要考虑孩子的接受程度。另外，在很多情况下，我们根本听不懂孩子的语言，这就会使孩子产生强大的心理落差。尤其是在孩子咿呀学语的阶段，你急他更急，就是"话不投机"，没办法。

2. 同辈群体。在我给低幼孩子的家长做培训的时候，有一位家长抛出了一个问题："我的孩子和别的孩子在一起的时候，并不是很主动，他们之间也没有很多交流……"你会发现从平房到楼房，包括我们成人在内，大家都变得封闭起来、生疏起来。我们的孩子有自己独立的房间、独立的玩具，他们变得"独立"起来。然而，这对于学龄前的儿童是非常不利的一件事情。一方面他们缺少了同辈群体间的交流经验，另一方面他们缺失了最佳的学习机会。家长这时总会用一些抽象的优秀生来对孩子进行教育："邻居王妈妈说她的小孩子会背100个单词啦！""你画画怎么还不如你的表弟？"事实上，小孩子和"榜样"并没有见过几次面，这让他对于要学习的对象倍感模糊。此外，独生子女也是一个普遍存在的问题。在缺少同龄玩伴的时代，孩子不得不去寻找"幻想"中的朋友。

缺少亲子关系与同辈群体的支持，是孩子寻找幻想中的朋友的社会原因，而"泛灵论"似乎是心理条件。马克思说过："问题总是与解决问题的方法同时产生！"这话在1岁的孩子身上就可以应验！他们会发现，和父母对话是得不到"回音"的，自己又没有同伴，于是开始把自己的视野扩展到周围，他们开始耐心地遴选自己的好友，发光玩具、大龙珠、拨浪鼓……并且他们开始将这些"人"进行分类，能够形成互动的，自然成为他们最要好的"知己"，而呆若木鸡的则不被视为"朋友"。心理学家兼作家伊丽莎白·布拉米说："直到7岁，孩子们都是相信万物皆有灵魂的。所有的物体和动物都能听懂我们的话，并且会和我们对答。"事实上，发光玩具或大龙珠是不会和孩子对话的，孩子把自言自语当作与他们的对话。华特·迪士尼和刘易斯·卡罗尔创造的童话世界之所以如此受孩子们欢迎，是因为这个世界里居住着爱迟到的兔子、唠叨的茶壶和爱生气的火车头等。这对于孩子们来说是如此熟悉，它们就像是每天都在身边的朋友一样。

当孩子的智力达到一定水平的时候，他便开始意识到应该和"人"进行交流。这是意识水平的一次飞跃，当然还没有我们想象中的那样好。他依旧非常依赖母亲，他不知道自己是一个独立的个体。在面对母亲时，时而亲近时而疏离，他急需给自己一个全新的定位，然而这时候母亲如果成为不了最好的老师，他就只能靠朋友了，这个朋友就是他幻想经验的结果。伊丽莎白·布拉米说道："想象中的朋友是孩子自我意识的投影，和这个朋友说话能帮助孩子们建立起自我的意识。安娜·佛兰克想象中的朋友'亲爱的凯蒂'是她最好的朋友，并陪伴她度过了孤独的时刻。"

可以十分肯定的是，拥有一个幻想中的朋友是自我意识成长的必经阶段。它的好处有三：一、增强自信与安全感。二、为孩子从人内沟通到人际沟通搭设了桥梁。三、与虚拟的世界做最后的了结，形成独立的自我意识。

在孩子0~3岁的时候，如果你听到他说一些夸张的语句，甚至似乎是幻觉或妄想，千万不要表现得惊慌，因为这是他们丰富想象力的表现，当然从另一个角度讲，这也说明父母确实该多陪陪孩子了。

0~3岁的儿童处于感性思维阶段，他们很难把外部获取的信息整合起来。即使你耐心地对他讲"圣诞老人其实不存在"或者"从来就没有神仙皇帝"，他们听起来也吃力而乏味！在这个时间段，我们要把培养的重心放在感统训练与行为塑造上。至于认知能力与意识的形成则不必操之过急。

尽管心理学家伊丽莎白·布拉米认为"直到7岁，孩子们都是相信万物皆有灵魂的"，我们却不能一味地放任这种行为。因为幻想中的朋友有可能会成为"坏朋友"，对孩子的身心发展带来不利影响。

1. 影响认知水平的进步。儿童一旦适应了与幻想中的朋友进行"交流"，就会减少与周围人或环境的互动，很难获取新的知识与经验。

2. 幻想中的朋友会占用儿童的思维空间，降低行动效率。龙龙5岁了，妈妈在他的房外呼唤他，他总是反应迟钝，其实他正与"朋友"在一起，玩得非常开心！

3. 幻想中的朋友会成为避风港，造成人际退缩。孩子会认为，反正已经有了最好的"朋友"，重要的话说给最信得过的人。这样既不怕挨骂，也不怕被嘲笑。

4. 人格难以独立。幻想中的朋友的出现会将儿童与环境分开，当"朋友"与孩子合二为一时，"朋友"把他包裹了起来，导致他很难了解自己与周围的关系，也难以形成"自我"。

对此，3~6岁是进行干预的最佳时期，恰恰也是亲子关系教育的黄金时期。我们要通过适合的家庭教育方法，让孩子的意识水平达到第二次飞跃。我们可以通过以下方法，让孩子们用最温和的方式与幻想中的朋友告别：

1. 理性的劝说。莉拉开始要求给她想象中的小猫每天早上喂牛奶时，家长们该怎么处理？帕斯卡尔·内沃说道："我们不建议家长们过度纵容孩子的这种行为，甚至给一个不存在的物体留出真正的空间。家长们必须帮助孩子把想象中的朋友停留在游戏的层面，但是也需要认真对待，不应该嘲笑或不当回事。"莉拉家长的正确做法应该是：和莉拉说用她的玩具餐具假装给小猫准备餐食是一个非常棒的想法，但不要帮莉拉把牛奶倒到真正的餐具里。

2. 增加亲子陪伴的时间。我们作为真正的"朋友"要经常出现在孩子的面前，当然还要表现得有趣一些。我们可以通过亲子阅读、亲子运动、家务劳动等多种互动形式稳固亲子关系，让儿童将注意力转移到真正快乐的生活上来。此外，在互动过程中，我们要将人际交往的技巧顺理成章地介绍给孩子。

3. 增强自我意识。让孩子更多地了解自己，包括自己的生日、身高、性别、兴趣、血型、星座等全面的信息，尝试让孩子通过"富兰克林表"客观地评价自己。

4. 鼓励孩子进行人际交往。我们可以带孩子多见见世面，多认识真实的好友。

不管怎么样，幻想中的朋友是人生中非常重要的伙伴之一，但是如果能让孩子们在适当时候拥有它，在成长过程中自然地忘记它，孩子们在未来一定会过上幸福美满的生活。

偏科如偏食，家长莫轻视

苏霍姆林斯基的《给教师的建议》，让我爱不释手。我觉得苏霍姆林斯基的教育理论不说是句句经典，起码也是句句在理。他说："复习是学习之母，不要让复习成为学习的后妈……让孩子们了解各种学科之间的内在联系，让学生们了解他们之间是'挂着钩'的，这样孩子在复习知识时就会感到熟悉，学习效率就会提高……"

好一个"挂着钩"，我想在这里引申一下这句话。简单地说，就是指教育内容或教育资源从来不是孤立的、零散的，当孩子们掌握了学科之间的内在规律与联系性，就能轻松识记更多的知识内容。再说得通俗一些，语文、数学、英语也好，历史、生物、化学也罢,它们之间一直就有着深刻的"血缘关系",而不是各自为政。有的孩子偏科,并不代表他某一科学得有多么深入,只能说明他偏爱这门学科,如果教师和家长盲目认为这是他的强项,那就是荒谬的。

各种基础学科就好比是各种维生素,哪一种摄入得少了,对孩子的成长都会有很坏的影响。要想拥有一个健康的身体,你就要做到营养均衡;同样,你想要孩子全面发展,各种基础学科就都不能少。有人说我经常为"应试教育平反,为素质教育设障"——其实,我的真实想法是,素质教育的载体依然是基础知识的学习,而不是某些专家提出的"快乐教育";应试教育的提法是在讽刺为了考试而学习的功利态度,我们要改变的是学生乃至社会的这种态度或想法,而不是停止学习知识的脚步。

给大家举一些名人的例子:柏拉图既是伟大的哲学家,也是摔跤一流的运动员;马克思既是伟大的思想家,也是优秀的经济学家;苏轼既是卓越的诗人,也是旷世的书画家;毛泽东既是军事家,同时也完全可以被称为文学大家。

这样的例子可能数不胜数,也许你会说他们是名人、伟人,没有的代表性。我倒觉得,恰恰是因为他们各方面都出色,才成为大家心目中公认的大家。也许你会说当代需要的是专家,但是在文化大融合、全球一体化的今天,一个只掌握一门学问的人往往很难满足社会的需求。我们甚至可以这样想,人人都是"专家",将意味着我们有可能失去共同的话题,导致交流上的障

02 了解孩子是教养的前提——因材施教

碍——当然,一个人偏科所带来的危害还远不止这些。

一个有多种爱好的人,能够轻松地与各种人打交道,因此,他会变得更加博通、更加自如。很多家长过早地将孩子限制于某一种特长的培养,这是一种非常冒风险的行为。如果最后不成功,孩子就会丧失再次选择的机会。

我们不需要,也不应该给孩子们过早地划定人生方向,比如"你将来一定是个画家!""你今天的努力,是为了日后成为钢琴家!"这样会使孩子的发展轨迹受到多重的影响。过早地定向对于孩子的发展是一种严重的约束。之前,我举过一个例子:有些低年龄的孩子被家长报名参加英语比赛,家长跟孩子说,"你呀!任务就是拿到英语比赛第一名!饭不用你做,家里的事情你都不用管!其他的事情你都放一放,全身心投入到备战中去,明白了吗?……"这样的教育,对于孩子的发展很不利,在低龄,即 0~6 岁的时候,孩子应该广泛接触不同的生活,而不是单单陷入一种学科的学习,因为在低龄阶段孩子们的好奇心最强,想象力也最丰富,了解外面世界的丰富性是他们开始热爱这个世界的首要原因。一个不热爱世界的人,将来不会成为一个快乐的人,也无论如何称不上一个成功的人。

我们再回到开头提到的苏霍姆林斯基,你会发现他是一个热爱世界的人,他教授过语文、数学、生物、物理等多门学科,对每门学科都琢磨出了窍门规律,并且非常积极热情地传授给他的每一个学生和同事。就是因为他发现了一个教育的规律,准确地说是学习的规律——"各种知识是挂着钩的！"

如果家长、老师在教育的一开始，就不强调各种学科的独立性与重要性，而是把他们形容成一个大家庭，孩子们就不会感觉到它们是如此疏远与陌生，反而会觉得自己经常去一个大家庭中串门做客。我想介绍一些简单的方法供大家参考，看看是不是可以让各个学科之间"挂着钩"。

其一，散步时的学习。

秋天好美，我们总会忍不住看看落叶缤纷。是走马观花，还是驻足品味？苏霍姆林斯基经常带着学生们去散步，走到果园他会问问孩子们看到了什么，感觉是什么样子的，然后再给他们讲一讲各种树的学名与性状。这样一来，他训练了孩子们的观察能力、审美能力、表达能力和思考能力，也为他的语文教学和科学教学打下了良好的基础。在与孩子们的交流过程中，孩子们也收获了知识，增长了能力。我们可以让孩子们为我们拍照、录像，谈谈他们对于自然的感受。有个培训机构让我给老师们讲写作，我说写作不是教出来的，是体验出来的，有了那么多的感性观察与理性认知，不怕没得写、写不好。

其二，听音乐时的学习。

现在，小学正在提倡学科综合，我很高兴。学科综合恰恰就是"挂着钩"教学法。然而这需要教师们极高的综合能力与全面的知识。我们经常说的高级复合型人才大概可以满足这个要求，但他们不一定都会教书啊！我想说，这条路我们还要走很久。我教过六年级的音乐课,和我们小时候上的课一样!《盼红军》《土拨鼠》《阿细跳月》——连位置都没怎么变!我想起小的时候,教师上课的模式是先练声,然后唱音符,最后唱歌,从来如此。我觉得,唱歌很容易,难的是理解歌曲创作的背景与情感。所以,我和所有音乐老师不一样的做法是,我先讲歌词。好的歌词更容易吸引学生关注这首歌曲的学习。在讲《盼红军》的时候,我的第一个问题是:"在'盼红军'三个字当中,哪个字最重要?"学生们异口同声回答:"是'盼'。"我微微一笑,摇了摇头:"是'红军'两个字啊,孩子们!"学生们感觉不理解,于是一个个听得很认真。我继续说:"'盼'是一个动词,可以指向任何人,红军则不一样,他们是一类特殊的人,为什么会盼他们,而不是盼别人,是这节课我们要弄明白的唯一一个问题。"也许学生们觉得这不像音乐课,但我觉得能把歌词讲明白,对于孩子们理解这首歌曲格外重要。我让孩子们整体看了一遍歌词,他们找到了红军可以为穷苦老百姓带来的种种好处。我觉得这就是在音乐课上训练了语文阅读能力,甚至也可以说提高了政治思想。我又问大家:"把5段歌词对比来看,有什么不一样呢?"很多学生说不出来,有的孩子看出来段首的时间不一样。我说:"正月里来……三月里来……四月里来……时间匆匆而过,大家盼望红军的心情越来越急切了,只有看到红军才能有美好的生活,这首歌曲里贯穿了大家浓厚的期盼,这首歌正是在这种背景下创作出来的。接下来,老师用钢琴带大家来感受这份情感浓厚的作品……"当我说完这些话时，很多孩子的眼中流露出信服而顿悟的光芒，让我一生难忘。

其三，做饭时的学习。

很多家长让孩子远离厨房，这是大错特错的。在厨房中孩子可以学到很多很多。让孩子从小参与做饭，可以培养他的家庭观念与责任感。如果你是大厨，他就是大厨助理。一开始，我们可以让他们完成一些简单动作，如"放一勺盐""拿三个碗""掰五头蒜"……等他们长大一些的时候，可以让他们完成买菜、洗菜、择菜、洗碗的工作……这些简单的工作可以锻炼他们的数字概念与统筹能力，我相信买几次菜，他们就可以精通100以内的加减法，这比多做几道数学题要有用得多。

其四，阅读时的学习。

其实，在出版社工作期间，我的重点研究方向是儿童的潜能阅读。记得苏霍姆林斯基总是不厌其烦地谈阅读是提高孩子各种素质最快的方法，现在我也深有体会。在孩子0～3岁时，我们最好把更多的精力放在对孩子的行为能力的培养上，因为这段时间一旦错过了就无法弥补。4～6岁是亲子阅读的最佳年龄，手捧绘本，家长可以让孩子感受他们的关心、博学以及各种生活技巧。我在翻译《宝贝熊玩转数学》时，就觉得孩子一定会喜欢这本书！里面的故事情节既生动又现实，孩子在感受各种人情世故的过程中，轻松接触各种数学概念，这能为日后数学的学习打下良好的基础。

方法当然还有很多，我写了这么多，就是要告诉家长朋友们：偏科如偏食，父母莫轻视；少壮多体验，方可获真知。我曾经提出了"托盘原理"，用在这里也比较合适：如果一个厨艺精湛的大师做了一道珍馐佳肴，却用一个破烂托盘呈现在你面前，你会怎么想呢？当然，这太愚蠢了！人也是一样，你的优势就是那一道珍馐佳肴，你的基础知识与基本素养就是那个托盘，我们怎么敢说它对你的一生没有影响呢？

注重孩子的各种基本知识与素养，就是给孩子的成长买了份保险，这该是理性家长对待孩子学习的正确态度吧！

孩子的潜能开发关键期是什么

越来越多的家长，开始关注潜能开发的问题。有人问我当今家长最大的教育误区是什么，我说就是抓不到每一个阶段的训练重点，总想让孩子越早学习知识越好。比如孩子3岁时让他背唐诗，而且还要求准确与数量。其实背唐诗不应该被当作学习任务，而应该被当作一种背诵游戏。我们的目的也不是让3岁的孩子理解中国传统文化，而是让他产生一些印象，方便他今后的系统学习。与其通读唐诗三百首，不如琴棋书画皆体验一番——要知道，孩子3岁之前有着更重要的早教项目需要家长去操办。

3岁之前有三大训练，你知道吗？你知道这三大训练对人的重要意义吗？这三大训练如何在家进行呢？3岁前的三大训练分别是感统训练、精细动作训练与注意力训练。这三大训练只能在孩子3岁前开展，3岁之后的训练效果不明显。这三大训练能够训练出最基本的行为能力，也能为今后一切复杂行为与潜能开发奠定基础。感统训练全称为感觉统合训练，包括视觉、听觉、本体觉（运动觉）、触觉与平衡觉。其中本体觉相当于大运动或全身运动，很多小孩会出现跛脚、口吃等现象，基本上都与缺少本体觉训练有关系。触觉比较重要，却很容易被父母所忽视。你经常会听到一些这样的声音："别瞎碰！""玩的时候别把衣服弄脏了！"过多地限制孩子的玩耍，阻碍孩子接触不同的环境，容易导致孩子的自闭倾向与社交障碍。平衡觉就是抵抗地心引力的能力，这里介绍一个小窍门，"斜坡奔跑"，要求孩子从坡上跑下来，再从坡底跑上去。精细动作、注意力训练同样是要求在0～3岁进行，而且万万不可错过。三大训练都可以在家中进行，只需要我们巧妙地借助一些道具。比如画一些黑白图案卡训练视觉，用地垫搭成彩虹隧道，训练孩子的运动觉与触觉等。

其一，亲子互动与潜能开发。

潜能开发的最好形式莫过于亲子互动，我们在亲子互动中观察到孩子的兴趣爱好，在亲子互动中培养孩子的多重能力，在亲子互动中传授社交技巧与社会经验。常见的亲子互动主要包括亲子沟通、亲子游戏、亲子阅读、亲子运动、亲子旅游、家务劳动、家庭式圆桌会议等。有些家长会有一种误区,认为潜能开发一定是报个早教班,一定是郑重其事地坐在教室里。其实,潜能开发从生活中来。

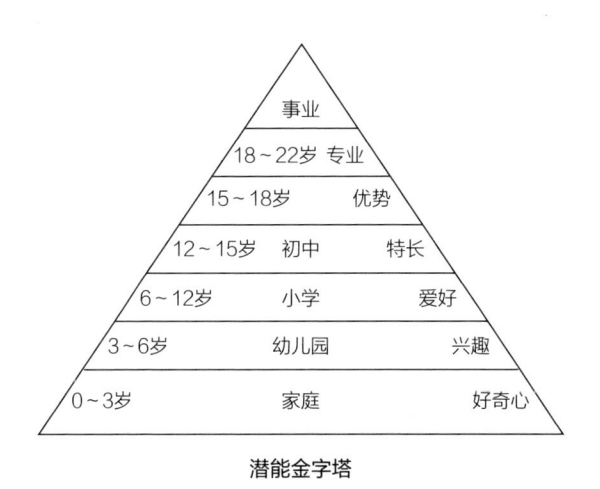

```
                    事业
              18~22岁  专业
           15~18岁      优势
         12~15岁  初中    特长
       6~12岁    小学      爱好
     3~6岁     幼儿园       兴趣
   0~3岁      家庭          好奇心
```

潜能金字塔

其二,人生规划与潜能开发。

潜能是指潜在的能力与能量,是个人特质与环境结合的完美产物。每一个想要成为未来有用之才的人,都应该干自己最擅长的事情,这个最擅长的事情也肯定是他喜爱做的。在孩子0~3岁时了解他的好奇心,并将其进行收集、梳理、排序;等到孩子3~6岁时,你会发现,好奇心中的前几项会荣升为兴趣;小学阶段,兴趣中的前几项会成为爱好;初中时,爱好中的前两项会成为孩子的特长;高中时,特长中的一项成为孩子的优势,进而成为他大学专业填报时的重要参考。人一生都在有条不紊地干着自己喜爱的事情、擅长的事情，这就是一种幸福感。呈现在你眼前的是一个"潜能金字塔"，金字塔的塔基是 3 岁前的好奇心，塔身是个性化的成长之路，塔尖是实现人生价值的事业。这不就是一个人完美的人生规划吗？

我曾经还做过一个比喻。我说一位世界顶级大厨，为你做了一道你最爱吃的菜肴。当菜肴端到你的面前时，你发现盘子布满裂缝、不甚干净，你会不会有几分忌讳呢？在这个场景中，菜肴象征着一个人的优势，而盘子象征着一个人的素质。要想完美亮相，我们就要两手抓，两手都要硬。

最后我想说的是创造力。创造力是潜能爆发的表现，创造力就是综合能力，是一个人在社会上安身立命、长足发展的动力。它从哪里来呢？它是从最基本的多看、多听、多想、多问、多做中来，让孩子多参与活动、多体验活动、多动手，潜能才会有机会爆发！

一个苹果就能让孩子自己站起来

有一次，在北外西院，我手里拿着食堂刚发的苹果。突然，我看到眼前二三十米处一个小孩"扑通"摔在了地上。孩子的妈妈见状，并没有动手扶起孩子，而是温柔地说道："宝宝，快起来！"

走到孩子跟前时，孩子与我四目相投，那一双瞳仁剪秋水，看得我呆若木鸡。"快自己起来，要不叔叔该笑话了！"可孩子非但没有起来，反而紧缩双眉，眼角流光，这是号啕的前兆啊！我急中生智，将苹果拿到孩子的跟前，说道："来，自己站起来，到苹果这里来……"

小孩子嘴角上翘，轻松地站了起来，跑到了我的跟前，得到了小小的奖励。妈妈显得不好意思："真是的，快谢谢叔叔，哎呀，真是的……"看着小孩子抱着苹果奔跑的背影，我感觉比自己吃了苹果还甜。

当特别小的孩子遇到挫折时，我们首先想到的不应该是训斥，也不是帮助，而是如何让他自己处理这个问题。这时，比鼓励更重要的是要想想巧妙的办法。这是因为，在孩子0～3岁时，他的语言思考能力尚不发达，他不能够领会语言的全部意思。可以说，0～3岁的小孩子是最接近于小动物的。提到动物，我们便不能躲避开心理学中的一大流派——行为主义。虽然行为主义被后来的认知心理学所取代，但是我认为他提出来的方法论非常适用于0～3岁的儿童。事实上，正因为儿童无法理解语言、使用语言，所以他们并不具备理性的思考能力。而一个不具备理性思考能力的人或生物，就会完全听从强化、暗示、激励等方法。所以我说行为主义的教育方法是早教的不二法门。

行为主义认为良好的行为来自良好的结果，用良好的结果可以激发良好的行为。行为主义的目的很明确，就是理解、控制、预测人的行为。对于儿童而言呢？我们只是希望通过行为主义的理论和方法让孩子获得良好的行为习惯。说来也巧，0～3岁恰恰是对孩子进行感统训练的最佳时期，我们就是要充分运用行为主义的原理，让孩子在0～3岁得到行为的全方位锻炼，从而为他今后的生活打下良好基础。

我们可以从以下几方面着手：

1. 选择好刺激物。对于不同的儿童而言，吸引他的东西会存在区别，所以你就要事先了解0～3岁宝宝的需要。

2. 明确刺激的目的。目的就是让孩子具备独立性与独立行为能力。换句话说，我们并不是任何时候都用刺激物鼓励他，让他开心——旦经常使用刺激物，刺激物的效果就大打折扣了。

3. 刺激物的使用时间，一定要满足以下三点：一、当孩子遇到挫折时；二、当孩子表明需要帮助时；三、确保孩子安全时。当这三点同时具备时，就可以使用刺激物了！

4. 正确的语言指引。不要责备，不要谩骂，而要鼓励，鼓励的内容要根据孩子的独立行为的完成情况来设定。如"宝宝，你看你自己能站起来吧？"切记，鼓励要具体，要有内容，而不仅仅是"你真棒""太好了"，等等。要让孩子知道他具体是怎么"棒"、怎么"好"。

一个苹果，可以让孩子站起来，而这个苹果，是有技术含量的……

03

培养高情商的桥梁
——亲子共读

手机正在蚕食你的亲子关系

有一次，我接受教育电视台的专访，谈论关于家长"手机依赖症"的问题。这个问题受到大家重视的起因，是一则令人心痛的新闻。河南郑州的一位妈妈因为光顾着看手机，忽略了身边2岁半的儿子。小男孩被过往的车辆撞到，头颅被碾压，导致当场死亡。听到这则消息，相信有孩子的家长都会倒吸一口凉气。据电视台统计，有17.8%的家长经常在孩子面前看手机，51%的家长会偶尔在孩子面前看手机，我敢肯定这个数字是比较保守的。

在儿童的早期成长过程中，亲子之间的互动是奠定孩子一生幸福与成功的基础，不可以被任何事物所替代，因此我不相信手机厂商的鬼话——"你可以通过它做任何事情！"事实上，手机在亲子互动方面没有起到任何好的作用，反而给孩子带来了很大的危害：首先，依赖手机而忽视孩子是一种家庭冷暴力，会让孩子备感失落。在很多家庭中，父母双方拿起手机，让孩子自己去玩玩具或看书。这种"省心省力"的做法其实是非常不尊重儿童的表现。在孩子眼中，爸爸妈妈对手机爱不释手，对自己却置之不理，显然表明手机比自己更重要，于是内心会产生很强的失落感与自卑感。其次，孩子模仿家长，过早接触电子产品。我们了解到，幼儿园中出现了越来越多的"小眼镜"，他们大多是触屏手机与 iPad 的忠实粉丝。最后，手机会导致孩子反应变慢，思维方式单一。经常关注屏幕的孩子，由于习惯了被动接收信息，他们在处理问题的时候会更加犹豫不决，处理方式也比较单一，还容易出现情绪暴躁，耐性差等特点。

手机依赖是一种病吗？当然，这是一种严重的心理问题。任何对于人或物的过度依赖都带有明显的自闭症特点：兴趣狭窄、行动刻板与社交主动性低下。手机阻断了内向人说话的机会，也让外向人不再自如表达。微信、微博、QQ 名为聊天工具，准确来说是社交辅助工具。打个比方来说，拐杖属于行走的辅助工具，如果一个正常人长期使用拐杖，最终就会无法独立行走；同理，如果一个具有正常沟通能力的人长期借助社交辅助工具，他的语言功能也会退化，这是一个值得所有人思考的问题。我们需要面对面沟通，需要通过语言来传递情感与思想，这是人的基本权利与能力。

现在很多人都会说手机如钱包一样，出门不带会感觉很不自然，随身携带手机已经成为人们的一种生活方式。那么人们为什么会依赖手机呢？从心理学的角度看，手机是私人享用物品，机主会对手机有很强的控制感。除此之外，人们在操作手机的时候，注意力高度集中在屏幕上，可以暂时缓解生活中的压力与烦恼。从社会学的角度看，手机成为一种人际交往的媒介，大大降低了交往的成本；此外，信息时代要求人们快速地接受信息的更迭，手机恰恰满足了这一需求，人们被迫通过手机来了解外界变化的节奏。我在接受采访时，明确地说出了自己的观点：人们对于手机的依赖，恰恰表明成年人缺少生活的目标与生活的内容。父母极度空虚与焦躁的生活态度影响了自己的孩子，这便是手机依赖的最大毒害。

如何缓解这一问题呢？一直作为受害者出现的孩子，却恰恰是解决手机依赖的救星。"如果在家实在不知道做什么，就陪孩子玩吧！"我经常会和我最好的朋友们讲这句话。在功利主义盛行的今天，我们总在考虑机会成本，而比来比去，我觉得陪孩子玩这件事情是成本最低、收益最高的事情。我始终坚信："家庭是早期教育的最佳场所，家长是孩子幸福成功人生的奠基人。"鉴于手机危害太大，我在家中给自己提出了几条要求：

1. 太太使用手机时，我一定要把手机扔一边。在孩子面前，两个人不能同时使用手机。这样做的目的是，让孩子知道，手机不是成人生活的全部。

2. 孩子找我玩的时候，要迅速把手机扔一边。在爸爸眼中，宝宝是第一位的，与孩子比起来手机微不足道。教育有的时候很微妙，你的"表演"给了孩子更多的启示。

3. 手机不是早教工具，早教工具要自己开发。很多软件商看到了亲子这块市场，开发出多款电子亲子游戏。我觉得这是非常荒谬的，亲子互动什么时候开始需要第三方的支持了？我们可以在家中利用最简单的枕头、垫子、纸等开展亲子游戏，让孩子感受到和父母在一起开心有趣又长知识。

4. 作息规律，丰富亲子生活。如果你总在孩子面前使用手机，那么说明你是一个日常作息不规律、生活无计划的人，这会给孩子带来负面影响。早上陪孩子做早操、跑跑步，睡觉前与孩子一起读绘本、聊聊天，周末带孩子到周边游览一番，你会发现，你的生活也在发生变化，那些曾经被手机控制的日子将一去不返。

我突然想起了陈奕迅的一首老歌——《没有手机的日子》，是不是我们也该换一种生活方式了呢？

从《小兔汤姆》看法国育儿文化——文化阅读法

如果一个家长认为亲子阅读只是学习知识的话，那么他便没有踏入育儿的大门。我在《让孩子快乐的亲子关系》中提到绘本阅读的功能性，包括进行情绪训练、塑造行为规范、提升社交经验等。今天我想就一本书谈谈绘本在文化对比与拓展国际化视野方面的贡献。

在我与3岁女儿阅读的100多部绘本中，《小兔汤姆》是让我印象极为深刻的。法国的玛莉阿丽娜·巴文作图，克斯多夫·勒·马斯尼配上文字，向我们展现了一个法国普通中产阶级家庭的亲子生活全貌。克斯多夫既是一位作家，也是一位教育家，他将枯燥乏味的道理通过生活中的小插曲娓娓道来，多位读者在读到《小兔汤姆》后会有这样的感慨："呀！我的孩子也遇到了这个问题！""哦！这样解决真是棒极了！"绘本系列中有这样一册，名字是《汤姆挨罚》。讲的是小兔汤姆来到了幼儿园，开始和另外一个男孩子抢玩具车，老师便把他叫到一个单独的角落画画，调皮的小兔汤姆又开始给别人搞破坏，这一次他激怒了老师——你会发现这件事情就在我们身边，于是作为成年人的你也特别想看接下来故事会怎么发展。这位法国老师把汤姆叫到一边训话，说了一句非常中性而不伤人的话："汤姆！什么时候都不能做坏事！"而我们现实中的一些老师，可能会说这样的话："你干什么呢！老实待着点！真够麻烦的你！"事实上很多老师没有在第一时间告诉孩子他做错了，只是在发泄自己的不满，这其实是教育者外行的做法。

有意思的是，法国老师也并不是问题的终极解决者，她像很多现实中的老师一样，在家长接孩子的时候，把问题一五一十地告诉了家长，希望家长"收拾"他。看到这里的时候你就会发现：嗯，确实，剧情发展到这里也是蛮合理的。而重头戏来了，我们倒要看看这位法国爸爸，兔子爸爸怎么解决问题。小兔汤姆胆怯地看着爸爸，像极了每一位犯错误的孩子。汤姆爸爸首先也是告诉他这样是不对的，紧接着汤姆的爸爸告诉汤姆自己小时候也犯过类似的错误并受到了家长的严惩。这短短的几行字就向我们交代了法国教育理念的发展，原来法国人也曾经是"棒打出孝子"。接下来，汤姆的爸爸，记住是爸爸而不是老师，用了一个非常形象的比喻给孩子讲道理。他说："汤姆宝宝，你看路上的汽车一定是一辆辆行驶的，遇到了红灯要停下来，如果不听话，就要受到交警叔叔的惩罚。"小兔汤姆想象着一个有趣的画面，问爸爸："那汽车也要罚站吗？"多么可爱！多么天真！哪有孩子天生就懂得规则呢？爸爸循循善诱地告诉他，汽车不会罚站，但司机会受到惩罚，每一个人都需要遵守规则。

从这个故事中，我们和我们的孩子都能够汲取到教育营养，而这份营养还是"法国大餐"。

这个故事系列非常经典，配图也相得益彰。

《小兔汤姆》堪称绘本界的精品！柔和的颜色、亲切而不夸张的人物形象，能够让你感受到它是一部用心之作。然而，绘本的魅力还远不止于此！我们在一幅幅插图当中，既要关注人物，也要关注环境。因为我们可以从它的环境中了解法国的文化，通过对比，让孩子具备国际化的视野。

在家庭题材的插图中，我们可以看到法国的家庭结构、家具类型、穿衣风格、饮食文化……将这些与我们的家庭进行比较，让孩子说出生活方式的相同点与不同点，练就孩子的审美鉴赏与判断力，让孩子体会世界的丰富多彩。比如一些小的细节：汤姆爸爸在得知妈妈生下了弟弟时，捧着鲜花跑向产房——这样的细节我们很难在中国看到；汤姆家的床底下是空空的，而我们家的床底下总是堆满了物品；汤姆家吃的东西总是面包、奶酪、沙拉，而我们家的餐桌上则是不重样的菜肴……同样，在其他的场景中，如幼儿园、农场、沙滩、亲戚家，我们也能感受到法国的风情与文化。

读一本绘本，就是帮助孩子了解一种文化。

如何科学地进行亲子阅读

绘本阅读是一种功能性阅读，也就是说读书是一种载体，获得背后的各种训练与帮助是核心任务。有的绘本锻炼了孩子的数学思维，有的绘本提高了孩子的历史知识，但所有的绘本阅读都有一个共同点——为亲子搭建互动的桥梁，为建立良好的亲子关系出力。在这样的基础上进行亲子阅读，我为大家提供几点思路：

其一，激发热情。

文字是给家长了解内容的参考，可以结合图文，掌握故事内部的逻辑关系。请爱上你手中的绘本，并让孩子感觉出你的那份热情。

其二，锁定趣点。

绘本的特点是图茂而文精，很显然图是第一位的。孩子会在你翻开书的一刹那，锁定他感兴趣的点：可能是一只动物，可能是一个人物。这个时候不要强行转移孩子的视线，而应该静静等待3秒钟。我把这称为高效思考的"3秒钟法则"，在这3秒钟之内，孩子激发了学习热情、提高了注意力，甚至拥有了耐心。而很多家长都是在这最宝贵的最先接触事物的3秒钟里，破坏了孩子的学习过程。

其三，合理展开。

请记住，亲子阅读不是以故事的逻辑为主线，不是以知识的学习为主线，不是以家长的兴趣点延伸为主线，而是以儿童的兴趣点延伸为主线。一个好的儿童阅读推广人，会通过儿童的趣点，借助一幅图片编织一个完整的故事，会让孩子始终保持高度的兴奋与热情。"事物之间是普遍联系的！"在恰当的时间，可以将孩子的兴趣点与其他的"场上角色"相联系，以合理的手法继续故事的叙述。

其四，分享体会。

当家长和孩子对一本书甚至书中的某一页内容有了更深的了解，这时候可以做一下梳理，或称分享。先让孩子简单说说，他读到了什么，或还记得什么，家长再述说一下自己读到了什么，记得些什么。除了内容或细节的回顾，还要进行情感或体会的分享，这样对孩子的心智发展帮助更大。

功能性的阅读对于儿童成长有利，如果我们适当地选择不同国籍、不同材质、不同类型的绘本，孩子们会有更加丰富的阅读体验与阅读收获。

六步亲子阅读法

我曾经做过出版社的童书市场主管，亲眼见证了当当网、卓越网、京东网低幼图书飙升的销售量。我经常发现，销售排行榜中的前10名都是国外绘本，国内原创绘本的发展还有很长一段路要走。我曾经开玩笑地说，中国的传统图画书"斗争意识"强，比如孙悟空降伏了白骨精，黑猫警察抓住了一只耳，葫芦娃刚出生就去打蛇精……国外比较知名的绘本比如《弗洛格》《小兔汤姆》《咕噜牛与小妞妞》等大多习惯从"人文关怀"出发，讲自信、讲团结、讲勇敢……可以说绘本凝结了民族文化的特质，是社会规范的一种体现。作为未来的国际公民，我的建议是中国的绘本与国外的绘本同时阅读，国内的绘本提供了正义感、是非观与秩序意识，而国外的绘本则提供了情商、社交力与合作意识，这对于我们的孩子是双重的心理营养。

儿童阅读推广不是我的本职，却是我的一种责任，我觉得作为亲子教育工作者，这是一种使命。八年间我在全国开展了上百场的亲子阅读沙龙或讲座，帮助了很多的家长与孩子。我的孩子也成为我的培养对象，在孩子3岁之前的幼儿时光，我陪她一起阅读了100本国内外绘本。她现在已经达到了独立阅读级（2010

年我提出了潜能阅读分级,把儿童阅读按照能力分级,而非按年龄分级,包括被动阅读级、陪伴阅读级、独立阅读级、选择阅读级与实践阅读级)的要求,从阅读的能力来看,她已经达到了独立阅读水平,这让我感到非常的欣慰。阅读是一种系统的教育工程,但是应很多家长的"快速"要求,我提炼出了快速入门的阅读方法——"六步亲子阅读法",希望可以给家长们一些帮助。

第一步,爱书。

家长爱书吗?你对书的态度直接影响到孩子对书的态度。你爱书,对书表现出尊敬,喜欢阅读,经常阅读,是孩子爱上读书的前提。我们经常会听到很多家长说,我给这熊孩子买了最贵的绘本,他就是不看——答案很简单,你甩给他的,他并不觉得重要,因为你没有表现出你的珍惜。

第二步,捧书。

"最快发展区",是我在 2014 年提出的早期教育理念,兴趣是原动力,当孩子刚接触一个新鲜事物时,他对事物的第一印象非常重要,如果你让他体会到了趣味、控制感与成就感,他便愿意接受你的教育帮助,从而快速吸收与成长。一方面我们表现出了自己对于阅读的喜爱,另一方面也可以在最快发展区培养孩子的阅读习惯。每一次我与女儿开始阅读的时候,我都会让女儿靠着我的胸膛站好或并排坐在沙发上,捧着书阅读,从她小时候我便培养她的阅读习惯。

第三步,问书。

亲子阅读是一个技术活，不是简简单单地讲故事。我看到太多的家长指着字去念，这对于小孩子是没有任何意义的；有的家长则喜欢按照自己的兴趣，吸引孩子的注意，如"宝宝，你看这个小兔子多可爱啊？""这棵树简直太大了，对不对？"细心的家长就会发现，当我们打开绘本时，孩子的一双小眼睛会自觉寻找自己的兴趣点，我们要做的是询问孩子对什么东西最感兴趣，这也是我们了解孩子兴趣的一大捷径。

第四步，编书。

不要按照我们的逻辑编故事，要按孩子的兴趣点编故事。一个有表情有动作的角色，要进行拓展延伸，让每一个孩子喜欢的角色都成为鲜活的生命。在孩子比较小的时候，我们可以针对角色提问："宝宝你喜欢这个小动物是吗？""它穿了什么衣服""它在干什么呢？"之后，便要将孩子感兴趣的角色和书中其他角色串联起来，形成一个复杂的故事。不要快速讲完一部书，书中的每一页都是一个完整的故事。我曾经和女儿就一幅图讲了 30 分钟，孩子积极参与，收获很大。

第五步，品书。

书是一个交流的平台。如果你以学知识为目的去读书，那就太 low 了。在看书的过程中，我们要积极地引导孩子去表达。一开始，我们可能会问"宝宝，你喜欢它吗？""这个小动物好玩吗？""你猜爸爸妈妈喜欢哪一个？"不做评价，不予批评，只让孩子表达自己的感受。等孩子稍微大一些，我们就可以和孩子一起交流思想，比如"他这样做好吗？""他为什么不高兴呢？"情商训练是功能阅读的一大重点。

第六步，验书。

我们需要将书中的内容和孩子的现实生活相联系、相检验，学以致用，有些绘本中出现的内容是孩子生活中也容易出现的情景。书中主人公的一些好的表现，可以成为孩子好习惯养成的范本。"宝宝你看，他这一点做得很好，宝宝也可以像他一样对不对？""他这么说很有礼貌，我们都要向他学习，好不好？"习惯培养与社交养成是阅读的两个重要功能。此外，当书中出现了一些工具时，我们可以在阅读之后带孩子去操作，去体验，这样也就充分运用了书中的"资源"。

亲子阅读是一件非常有趣、有意义的亲子互动形式。凡事贵在坚持，相信每个爱读书的家长都能够培养出自己的书香宝宝。

从来没有天生爱读书的小孩

千慧在 1 岁之前，有一个外号叫"小掀女"。我在她抓周庆典的头一天晚上制作了一个短片——《1 岁大姑娘》，里面将"小掀女"的珍贵事迹记录"在案"。她喜欢掀东西，"掀"成了她的一种能力，一种个性——打开衣柜，她会把衣服一件一件掀出来；

坐在晾衣架旁，她会把长裙、外套掀来掀去；躺在床上，她也会不厌其烦地掀被子、枕巾……她"掀"起来的时候，两只眼睛瞪得溜圆，似乎带着某种大人解读不透的使命感。可是你把该掀的东西——书，拿到她的跟前，她可不掀了，她用各种不文明的方式对待人类的朋友，从咬书到折书，从撕书到扔书……1岁不到的孩子怎么能了解书的神圣与价值呢？我从来不会和她急，也不会批评她的恶劣言行。我会在她的面前表现出我对于书的尊敬与喜爱，她在一旁"虐书"，我在一旁"品书"，慢慢她也感到了好奇，为什么书会那么受爸爸喜欢呢？倘若我们试想一下，孩子在一旁"虐书"，我在一旁"品手机"，后果自然是大不一样了。

有一些朋友，害怕孩子会产生不好的习惯，就在孩子1岁之前强烈批评这种"虐书"的行为，非要纠正孩子的做法，结果导致了孩子对于书的恐惧，为阅读心理障碍埋下了祸根。"喜爱是习惯之母"，不培养喜爱，就谈不上学习态度与学习习惯。我通过我的方式让孩子觉得书是生活中一个有趣的玩伴，而不是一个高高在上的神器。我给孩子买了卡片书、布书、洗澡书……在与各种材质的图书玩耍中，千慧不仅有了触觉体验，还发现书真是很有意思，可以七十二变。在那个时候，我依然觉得真正意义上的亲子阅读还不用启动，只要她喜欢书就够了。

千慧在她1岁半的某一天突然有了进步。她不再掀衣服、床单和被罩，而是蹒跚着走向了书架！我侧眼瞥了她一眼，继续在沙发上坐着看我的书。没过一会儿，这丫头从书架上取下了一本书，两手托着书面无表情地向我走来，我下意识地放下书坐直了身子，准备用双手去迎接。没想到，千慧潇洒地把那本书扔到了我的脚下……还没有待我回过神来，她已经从书架上又取下了另一本书，晃晃悠悠地来到我的面前，没有正眼瞅我，将这本书也潇洒地扔到了我的脚下……就在不经意间，她已经往复多次，我脚下也堆满了不同的图画书。有时候，我总在猜想，儿童在专注地做一件我们不理解的事情时，千万不要把他们从他们的世界中惊醒，因为你的做法会让他们遗失一些上帝赐予的天赋。我没有惊醒她，而是将她潇洒甩在地上的书整齐地码起来……起初她并不在意我的做法，当我的书码得越来越高，她开始注意到这个"书塔"的存在。千慧也许并不明白我在传递一种秩序感，但她对这个玩法非常好奇，于是也加入了进来，她将从书架上拿的书整整齐齐地码在这个书塔上。我给这个玩法起了一个别致的名字——图书叠罗汉。培养好习惯的方法可能有很多种，但我相信亲子游戏的方式肯定是孩子最喜欢也最容易接受的一种。

为了让孩子喜爱图书，我还发明了很多和书有关的亲子游戏。比如图书比大小、图书走红毯、图书石子路、图书多米诺……听名字，我们就知道怎么去做了。书真的是一件很神奇的宝物，你看它们内涵千差万别，外形标准方正，体现了含蓄之美。亲子阅读的方法探究，我在我的上一本图书《挠脚怪来了》中已经做了分享，这里我还是介绍一个令我非常骄傲的亲子游戏吧，它叫作"图书相框"。有一次，千慧的表妹和表弟来家里做客，大人们通过各种方式引导三个小家伙一起合影，三个小家伙就是不配合，这时候大人们把希望寄托在我这个"亲子游戏大王"身上。我看了看三个顽皮的小家伙，无意中看到了我的书架，灵感来了！我让孩子们和大人们一起参与到我的游戏设计中来。我组织大家把图画书一本一本从书架上拿下来，轻轻地放在地上，然后我们一起将这些书码成了一个超大个的平面相框！接下来，我们就邀请三个小朋友躺在这个相框里，小家伙们非常开心地前往，虽然他们并不理解我为什么这么做。三个孩子躺着做出了各种有趣的表情与动作，大人们开始站着给他们拍摄照片，谁都没想到，图书相框的拍照效果如此之好！

千慧对于阅读的热爱是从对书的喜爱开始的，我们在4年的时间里读了160本绘本，现在的她已经可以独立阅读了。虽然她认识的字不多，却可以顺利地读图画书。我相信对于书的喜爱将是她一生幸福的一块基石。

用一个硬币教孩子写作文

朋友邀请我在假期给4个二年级小男孩讲讲作文。写作虽然是我的爱好，但我从来没有系统地梳理过我的经验与短板。趁此良机，我正好可以把经验总结一下，也可以分享给朋友们。写作

03　培养高情商的桥梁——亲子共读

启蒙对于一个人的成长还是很关键的。

4个小男孩聚在一起,教室立刻变身为闹市,他们分别是孙小蹦、唐小玄、朱小猛、沙小郁,虽说是化名,但可以看出他们的个性迥然不同。通常情况下,孙小蹦会主动上讲台表演,把正在静心思考的我吓一大跳。在我还没有开口批评的时候,班长唐小玄会坐在台下警告孙小蹦,劝他快回座位。唐小玄的命令通常是"玄"而未决的,可见没有什么效果,唐小玄也就习惯性地忍了下来。就在我要开口的时候,一个黑影蹿了过来,又把我吓了一跳,原来是朱小猛。朱小猛满脸正气,紧咬牙关,把孙小蹦生生地从台上拖了下去,仿佛是开封府的行刑人员。这个时候,我小心翼翼地瞄了一眼沙小郁,沙小郁虽然不在江湖,却受到江湖的影响,总是害怕将要出什么大乱子。

"四小天王"让人生气,也让人喜爱,你别想着完全控制他们,但是也不用担心他们会完全征服你,你没有这个能力,他们也没有,这样的感觉挺好。

"写作的三门功课是什么?"

"情感!情境!情节!"

"我国六位写作大师是谁?"

"鲁!郭!曹!巴!老!茅!"

"郭沫若给我们的写作建议是什么?"

"改改改改,改改改!"

……

每天上课之前，我都会问一些问题，并让他们大声且齐声地喊出来，一方面是提提精神，另一方面也是让他们加深记忆。他们很喜欢齐声大喊，我觉得听起来也非常舒服。

今天，我貌似神秘地从怀里掏出了4个热腾腾的硬币。还没等我开口，孙小蹦喊道："钱！钱！老师给钱啦！"唐小玄侧过头，冷冷地盯着他，说："别说话！"当然，这话根本不可能起到什么作用，孙小蹦以迅雷不及掩耳之势从我的手中夺走了4枚硬币。眼瞅着朱小猛已经起身，我明显感觉到他的小宇宙即将爆发，为了防止任何意外发生，我急中生智喊道："大家都坐好啦！让孙小蹦给大家发硬币，一人一个！"孙小蹦高兴地领命，蹦蹦跳跳地为大家服务。朱小猛喘了口粗气，然后坐下了。而沙小郁不安地冲我挤眉弄眼，表示身处险境，他的表情告诉我让我多保护保护他。

很多教师都喜欢唐小玄和沙小郁这样内向的孩子，讨厌孙小蹦与朱小猛这样外向的孩子。喜欢的原因是听话，其实是不说话；讨厌的原因不是说话，而是随时说话。我和孙小蹦是同一类人，所以我能包容这样的孩子，也终于体会到老师为什么那么讨厌我这样的孩子。

"今天我们要进行比赛，比赛的奖品是老师翻译的图书《宝贝熊玩转数学》！"

当听到我说这句话的时候，孩子们感到既兴奋又刺激，他们喜欢比赛，也非常喜欢得到奖品。我和其他老师不一样的地方是，我发明了一种"限奖理论"——当你得到三分之二，对手就不可能得到一半。我的奖品数量是有限的，别人得到了奖品，就意味着你得不到，所以你必须从一开始就保持认真与警惕。这种理论运用到我的教学之后，学生们更加投入，因为他们觉得奖品与荣誉是非常珍贵的。

"比赛的第一项是……请认真听清题目要求！"我突然严肃起来，"记录1元硬币上面你观察到的所有信息！"

"什么叫信息啊？"孙小蹦喊道。

"上面有什么内容，你把它一条条地记录下来，我看咱们四小天王谁记录得最多、最准确，限时5分钟，开始！"

教师有一个通病，容易低估自己的学生，我一直以坚守"我相信我的学生可以"这个信条而自豪。但尽管如此，他们的表现还是大大超出了我的预期。孙小蹦写得最多，写了12条，朱小猛写了10条，沙小郁与唐小玄都写了9条。他们在硬币上面发现了年代、银行中文名称、银行拼音、面值、图案、边纹等信息，我感到非常惊喜。

接下来，有意思的事情发生了。我把硬币抛上了天，孙小蹦与朱小猛同时瞪大了眼球，嘴巴变成了长方形……沙小郁皱起了眉头，唐小玄则摸起了下巴。

"当我把这个硬币抛上去，会发生什么呢？"我若有所思地环视着他们每一个人。

"掉下来砸到了老师的脑袋！"孙小蹦快速反应道，这句话把其他三个学生也逗笑了。

"说得好,这是一种可能!但我想说的是,硬币从抛上天空,到下落到地上的过程中会发生什么呢?"

"会碰到老鹰!"孙小蹦的发言总能够起到"抛砖引玉"的作用,所以取"经"路上缺他不可!而他需要的不过是多一些鼓励与肯定。

"小蹦,你真棒!你可以得1分!"我真诚地赞扬了他一下。突然,孙小蹦挥舞着双臂,像一只可怕的小鹰冲我飞了过来,就在离我不到1米的距离,他停住了脚步,原来左右臂已经被唐小玄与朱小猛拽住,拖回了自己的座位上。

我接着说:"小蹦说得很好,硬币飞上天,有可能遇到了一只鹰,硬币和鹰之间会发生故事……接下来,我们下面的同学想一想硬币还有可能和什么物体或东西产生关系,发生故事……每一个同学说一样,后面不能重复,轮流说,循环下去不要停下来……谁说不上来要扣一分……"

大家的思路一下子就被打开了,我把他们宝贵的想象力一一记录在了白板上。唐小玄说被风吹走了,朱小猛说撞到了月亮,沙小郁说被UFO吸走了……后来有人提到飞向了外太空,有人竟然说被正在升空的火箭喷的火给烧化了!……他们兴奋地畅想着,眼睛里闪烁着幸福与智慧的光芒。

转了两轮之后,到了沙小郁,沙小郁思维深邃,但反应确实稍慢一些,实在想不出答案。此时的他眉峰凸起,秋波紧缩,满脸用力的样子，我一看差不多，便对大家说，"好啦，就到沙小郁这里结束，正好两轮……"

"老师我还有呢！"孙小蹦嚷道。

"好！既然有，你就把它写下来，今天的题目就是《硬币抛上天空后》……"

儿童阅读与潜能开发

在古希腊，有两对师生是家喻户晓的，那就是苏格拉底与柏拉图，柏拉图与亚里士多德。虽然不是关门弟子，但可以肯定的是，大师的真传最终落在了亚里士多德这里。亚里士多德最可贵的地方在于他没有完全接受柏拉图的思想，甚至提出了一些大相径庭的观点。他为自己找出了一条辩解之词，后来也成为一句名言——吾爱吾师，但吾更爱真理。他也许提出了很多例子，但有一个是我认为非常经典的：柏拉图说，人生下来就是有经验的，人们靠回忆的方式处理日常工作与生活。亚里士多德认为此言差矣，人生下来是张白纸，靠后天的学习与实践获得经验，提升能力。可以说两个朴素的观点开启了日后上千年心理学界关于先天与后天的争论。霍尔说，一两遗传胜过一吨教育。华生说，如果给我一打婴儿，我保证能够把他们培养成任何类型的人，或是医生，或是律师……

我们不必责备圣贤言语的不完备，反而应该感激，因为正是这些朴素的话语开启了我们的智慧，让我们可以借助各位大师了解一个完整的世界。我记得我的一位导师曾经对我说，当今心理学就是两个取向，一个是治疗心理疾患，一个是开发个体潜能。我觉得治疗心理疾患是良知，开发个体潜能是先知。如果开发了个人的潜能，他就会拥有生存的信心与能力，掌握工作的技巧与方法，获得美满的家庭与婚姻，进而实现生理与心理的健康。我想起年幼时父亲曾说过的"上医治未病不治已病"，也恰如其理。为了让现在的孩子长大后成为身心健康、报效祖国之人，我们就要从小开发他们的潜能，这也就是我写这篇文章的初衷了。

开发潜能就像开发石油，找准地方，用对方法，才能高产。你要知道你的孩子是石油还是黄金，有些家长打了半天，没打上来石油，还挺生气，其实他的孩子是颗钻石。有没有一种安全的方法，开发所有孩子的潜能呢？有，我认为是阅读。

就算你不做儿童阅读推广人，你也会发现，如今儿童阅读的时间越来越少了。其实，现在的孩子缺乏的不是阅读，缺乏的是阅读的指导。之前，有些专家们提出了分级阅读理论，即不同年龄的儿童，阅读适合不同年龄的儿童读物。我希望能够给家长一个更为详细的说明或指导，姑且称之为"潜能阅读理论"吧！

简而言之，就是根据阅读能力分级，提倡通过阅读挖掘孩子的潜能。如今的儿童读物已经不是单纯的读物，里面增添了更多的心理营养。我们在看一些国外引进的优秀绘本，如《聪明豆》《彩香蕉》时，会发现通过阅读，能够提升孩子的审美能力与观察能力，里面的情节更可以指导孩子如何与人交往，如何处理日常琐事与烦恼。这比起我们传统的说教式德育要更容易让孩子接受。我翻译过一套美国的绘本作品《宝贝熊玩转数学》，它也许是中国第一套双语数学启蒙绘本。你在看它的时候，不会觉得是在看书，而会觉得是一种生活的享受。当家长和孩子一起捧书共读时，家长找到了往昔的美好回忆，孩子也会品尝到那份亲情的温暖。

对于不同的孩子，他们具有不同类别的潜能，他们的阅读级别也不会一样。作为父母或教师，我们不必担心任何一个孩子，我们要相信孩子的潜能。有一个讲师曾说当今的教育问题，一言以蔽之，是教育节奏出现了问题。正如音乐一样，节奏快与节奏慢都会产生好的音乐，关键在于你是否找对了自己的旋律。

绘本与早期教育

我最早是从几米老师那里接触"绘本"这个词的。他的作品图画精美别致，文字凝练生动。他用一种柔和灵活的手法，让你了解自己以及自己与世界的关系。他让每一个读他作品的成年人，放下自己年岁的身段，像个纯稚的少年，徜徉于久违的幻想之中。

又过了数年，绘本，或称绘本图画书悄然在儿童阅读的孤岛上登陆。不愧是外来物种，它强势登场，很快就打败了其他所有类型的图书。如今，在网上排行前十名的少儿图书，大多被绘本所占据。为何？我想一方面是因为一些家长真的认为绘本好，另一方面则是因为他们受到了从众效应的影响。不管怎样，我想谈谈我对绘本的理解，也期望可以给大家提供一些具体可操作的阅读方法。

我们先看看科学的解释：绘本，也叫图画书，是一种图文配合，尤其强调用图画来讲故事的书。中国有一些绘本曾经也兴盛一时，如我们上一辈人津津乐道的《鸡毛信》《江姐》《李四光》，当时称"小人书"，其实就是绘本！这些书受到了我们父母那代人的欢迎，虽然黑白印刷，极为朴素，却让他们的生活五颜六色。我们这一辈人津津乐道的《黑猫警长》《葫芦兄弟》《大闹天宫》《哪吒闹海》，则皆出自动画片，根据动画片改编的书做成了绘本形式，记录了我们童年美好的回忆。但此后中国绘本似乎没人再做，或是没有太大的成就，总之让人心寒。

其实图茂文精的故事书就是绘本，这一点可能在外国的绘本上表现得更为明显。以被称作第一套引进的优秀绘本《聪明豆》为例，2005年刚刚面世，就在少儿阅读界掀起了轩然大波。原来书可以是这个样子！超大幅、超清晰、超精美的图片，却配上了超简洁、超雅致、超深邃的文字。到底该读图还是读字？先读图还是先读字？是孩子自己读还是亲子共读？是3岁读还是8岁读？

我在之前写过的《儿童潜能与阅读》中，粗线条地给大家勾勒出0～12岁儿童应该如何读书。0～3岁的孩子不适合读书，或者说不适合主动阅读。阅读训练了人的注意力，而方法不当则有可能束缚幼儿的想象力。在这个年龄段，我们要用科学的方法训练儿童的感统能力，即利用一些简单的器材锻炼孩子的视觉、听觉、本体觉（运动觉）、触觉、平衡觉。这时适合阅读的方法是被动阅读，家长可以给他讲故事，他只要能安然入睡就可以。4～6岁是亲子关系的维护时期。我经常和家长朋友谈到，"性格决定命运"这话不一定对，但亲子关系决定性格我认为是必然的！裴斯泰洛齐曾说，母亲与孩子的关系是孩子未来处理人际关系的理想典范！三分看智商，七分看情商，智商决定聪明，情商决定幸福，智商一辈子可以修炼，情商只有4～6岁这三年。当然，人与人的发展节奏不同，但4～6岁绝对是最佳情商训练时期。

0～3岁，大多数孩子还认为自己和母亲是一体的。将这个时期的孩子直接托付给爷爷奶奶、姥姥姥爷是一个非常不理性的做法。从心理上来说，孩子会有很强的恐惧感，因为你是以一种野蛮的手段将母子拆分的，这样的孩子会在成年后出现孤独、胆怯的表现。我刚才也讲，0～3岁的孩子需要进行必需的感统训练，如果父母缺乏相应的精力与知识，没有对儿童进行恰当锻炼，如缺少触觉训练，就会很容易导致儿童产生自闭症与多动症。换言之，0～3岁的孩子必须由母亲来照料。

4～6岁，是一个过渡时期。孩子终究有一天会脱离母体。请记住，我说的脱离母体是指心理层面的脱离母体（又叫心理断乳），具体来说6岁以后的孩子就可以获得心理上的独立。为了将来的离开而亲近，正是这个时期的教育主题。母亲在这个时期充当着人生导师的作用，你的一颦一笑、一举一动都是儿童模仿的对象，你和他怎么说，他将来就会和别人怎么说。他的性格养成，是靠你和他的沟通实现的。沟通什么呢？绘本为你们提供了一个话题，也就是说4～6岁是阅读绘本的最佳年龄。

如何进行绘本亲子阅读，相信是大家最为关心的话题，绘本不单单是最合适的的亲子话题，它的价值与魅力还在于它的功能。我们把绘本称为功能性读物，把读绘本称为功能性阅读。我们如何通过读绘本，来体现绘本的功能呢？具体操作方法如下：

第一步，内容预习。

这是家长需要做的功课。文字是给家长了解内容的参考，我们可以结合图文，掌握故事内部的逻辑关系。爱上这本绘本，并让孩子感觉出那份兴奋。事实上，绘本本身也不是孩子的专利！阅读绘本，可以让成年人减轻压力，消除烦恼，品味生活。

第二步，看图猎奇。

绘本的特点是图茂而文精，很显然图是第一位的。我们打开某一页，孩子首先看到的不是文字，而是右上方的那个夸张的长颈鹿的头。孩子也许会注视很久，他开始觉得这个事物很有趣，他开始在内心深处问自己一些问题。如"这是什么？""它是一种动物吗？""它在做什么？"很显然，4~6岁的儿童缺乏经验，他根本无法给自己一个科学的答案。也恰恰因为如此，他开始通过想象解决自己的问题，就像我们蒙昧而伟大的祖先一样。他开始回答自己，如："这是一种蛇吧！""也许是个怪物！"……在这个锻炼想象力的最好时期，我们很多家长没有珍惜，而是从一开始就让孩子读大量的文字，甚至还有专家要求家长指导孩子指读，这是我不认可的。也许专家注重的是知识的吸收，但我想说，0~6岁的孩子，不必过于强调知识的重要性，中国学生的基础知识是可圈可点的，然而生活能力却是可悲可怜的。4岁的邻居小孩会背诵一首唐诗，自家5岁的孩子就必须背首宋词超过他，过分强调知识性，违背了儿童心理发展规律，其实就是在害自己的孩子，害孩子的将来。

第三步，分散注意。

当孩子通过读图无法解释图中的大个长颈鹿时，他一般会有三种态度：一、放弃，把书扔一边。二、不服气，然后坚决要把它看明白，眼睛盯着长颈鹿达两三分钟之久。三、看看别的地方，或许会弄明白。这三种态度体现了孩子早期的情商，即使一开始很容易放弃也不打紧，关键是需要家长的引导，即"分散注意"。当孩子开始"放弃思考"的一瞬间，家长马上开始进行全景式的提问。如：你可以指着远方的城堡，说道："宝贝，你看这是什么？"或者一边数，一边问他："宝贝，这里面有几个人啊？""他们有什么不一样吗？""他们在做什么？""你还看到什么啦？"孩子一定会说出一大堆无厘头的答案，他说什么你都不要否定，都要鼓励他（切忌给出"对"或"错"之类过于具体的评价）。事实上，在绘本的世界里是没有标准答案的。艺术与科学的本质区别是烂漫与严谨。绘本画家不会限制他的图画所传达的意思被如何解读，绘本作家也只按照自己的理解去诠释图画，而我们作为读者，有什么权力认为自己说的就是对的呢？比如，你可以提问："城堡在哪儿？"孩子回答"在天上""在山上""在草上"都有自己的道理，都应该及时给予鼓励。面对4~6岁的孩子，我们要让他尽情想象，发挥他们这方面的潜能。你可以客观地谈谈自己的想法，供孩子参考，如："我觉得城堡在草地上，因为你看那片绿绿的，可能是草地！"当你这样说完，孩子也就明白，凡事都有凡事的道理，也就不会太过于"无厘头"了。当然，等孩子再大一些，你也可以问他："你的想法很特别，能给妈妈讲讲你为什么这么说吗？"或者"你有没有什么问题想问问妈妈呀？"

第四步，回顾复习。

家长和孩子在阅读时如果对一本绘本甚至某一页内容有了更深的了解，这时候可以做一下梳理，或称分享。家长可以让孩子简单说说，读到了什么或者还记得什么。我们经常会听到专家提倡"要和孩子平等""请蹲下和孩子说话"，等等。这些固然没错，不过，我认为，真正的民主平等是心理层面的，我们应该通过类似阅读分享之类的活动来体现，让孩子真正体会关心与理解，通过梳理来培养他的归纳能力与整体意识，为孩子6~8岁的独立阅读做好准备。

绘本阅读对于孩子的身心发展不无裨益！而亲子阅读对于孩子性格的形成举足轻重！将二者结合就是最好的方法。我和一个在以色列大使馆工作的朋友交流了这个问题，我说："外国人读外国的绘本，养成了他们独特的性格，自我、细腻、容易快乐、善于动脑却缺乏原则与信心。"那位朋友频频点头，他没想到我的推理和他接触到的外国人如此之像。中国人却似乎相反，我们的绘本大多希望孩子在性格养成上能有很强的原则性、责任感和自信心，而不强调自我、细腻和快乐。我们当然希望我们的孩子兼具两种品质，摒弃两类缺陷，因此，只有将中西方绘本结合起来阅读，才能达到我们的期许，这正是最好的方法。

读书就像交朋友

我一直和我的学生说，读一本书就像交一个朋友，从开始选择，到形影不离，每一步都马虎不得。当然，在这之前我们还要搞明白我们为什么要交朋友。

从生物学角度来看，人在蒙昧初期就是一种群居动物：习惯了一起打猎、一起生活，并延续至今。从心理学角度看，归属感是一种基本需要，尤其是我们来到一个陌生的环境，急需找一些我们自认为是同类的人，仿佛只有把他们当作朋友，我们的内心才可以获得平静。其实，朋友的出现，是一种理性思维的产物——明白自己的需要，明白自己的目标，并知道谁可以真正助自己一臂之力。书也是一样，当你发现自己要完成一件事情，想达到一个目标，而凭自己的能力又无法承担时，你就求助于"书"。

谈了这么多，就是为了说明一个问题：选书就是选你所需。

打个比方，一个每次数学考试都名列前茅，语文考试却一塌糊涂的学生，你要送给他什么书呢？再如，你半年后准备参加全国司法考试，朋友却送给你一套精装的《养猪之道》，你会认为他在开玩笑吧？即使你碍于面子勉强接受了，恐怕也束之高阁吧。

选书不因你的兴趣而定，因你的需求而定。这个问题对于成年人而言比较好理解，但对于儿童就有一些困难。儿童的目的性不强，所以在选书的过程中也不会清楚什么书是他们所需要的，或者说什么书才真正适合他们。他们往往看到了华美的封面，或者一些夸张的宣传语，就买下了一本对他来说价值不大的书（当然，我们很多成年人也犯这样的糊涂）。在这里，我可以负责地推荐三类书，作为父母指导孩子选书的参考。

1. 绘本。我最早接触的绘本作品出自台湾作家几米老师。他让我们成年人像孩子一样捧起了图画书——我们被它精美的画面吸引，也为他隽永清新且富含哲理的文字着迷。对于大人而言，绘本的作用在于减压与洗涤心灵。对于幼儿而言，绘本在减轻了文字阅读压力的同时，也用大幅图片提高了他们的阅读兴趣和生活情趣，增强了审美水平，更开阔了他们的视野与想象空间。

2. 精编中外名著。市面上的儿童书籍成千上万，是不是每一本书看后都可以提高孩子的写作水平呢？当然不是。比起一些靠商业炒作起来的儿童文学作品，经典文学名著和早期作家的作品对孩子的成长显然更有帮助。事实上，这些年轻作家的文字也是从那些前辈那里吸收借鉴过来的。既然如此，那就不如让孩子一步到位，直接欣赏原汁原味的大师作品。我记得在我的儿童时代，我就直接去读《西游记》《三国演义》《红楼梦》和《封神演义》。原著太长，可以选择连环画或简化版。读名著并不是为了写名著，而是体会大师的语感和韵味。

让小学生去模仿作家的文笔简直是天方夜谭！作家之所以能写出让人称道的文章，甚至将每个词语运用得恰如其分，是因为他背后有着丰富的个人经历。记得鲁迅先生在一篇文章中写道："我家门前有两棵树，一棵是枣树，另一棵还是枣树。"有个小学生看完之后，开始仿写："我们学校门口有两棵树，一棵是柳树，另一棵还是柳树。"语文老师看完大跌眼镜，不知如何评判。所以在带着孩子阅读的过程中，一定要回到那个时代的环境中去，我们可以通过四个方面来实现。

一是思想，作家为什么写这篇文章？

二是情感，作家在写这篇文章时心情是怎么样的？

三是视角，这篇文章他是为谁而写？

四是构思，他是如何安排文字的？

这四个问题就像横纵坐标一样，帮助孩子理解作者与时代。回答这些问题并不能直接提高孩子的写作水平，却可以提高他们的文学水平。很多教师认为写作就是修炼词句的工作，而忽略了写作的灵魂——思想与情感的表达。这真是捡了芝麻丢了西瓜！《红楼梦》中第一章有副对子"世事洞明皆学问，人情练达即文章"，把"人情世故"弄明白，才是做学问、做文章的基础。如何练就人情，除了经历，恐怕只剩下读书这条捷径了。

3. 少儿百科。我记得我刚开始认识字的时候，书柜里就码了整整一排传说中的《十万个为什么》。这套书直到现在我还在看，估计将来也会看。它是典型的工具书，有问必答，满足了我的好奇心。它既是父母回答孩子问题的参考，也是孩子自学的第一套教材！通过百科书，从小培养孩子主动求学的习惯，将会影响他们的一生。

选书就像选朋友。当你想选某人做朋友，你要做什么？了解他呗！要从整体上审慎一下这个人，在最短的时间里检验一下自己的选择！比如这个人的品行怎么样？如果品德很差，是不能与之打交道的。书也一样，刚接触书，可能也会关注外表，进而关注目录、序言。目录与序言最能看出作家的水平，当然也可以看清楚这本书是不是能提供给你想要的内容。

读书就像交朋友。在选择、相识之后，就到了维持阶段，所谓维持就是维护与支持。读懂一个人，读懂一本书都需要我们用心去了解。读书要理解书的内容，理解思想、情感、视角与构思。

读书就像交朋友。选择、相识、维持之后，就是升华阶段——这也是交朋友的最高阶段，即友谊的形成。由于长时间的磨合、理解与包容，朋友之间已经到了无话不说、无话不谈的地步。并非所有人都是你的朋友，也不是所有的朋友都会产生友谊。如今，有一个时髦的词叫"死党"，就是两个人或几个人已经"铁"到无话可说。你会在不经意间发现，有几本书真是让你爱不释手、百读不厌，甚至成为你生命中的一部分！克林顿曾说，我一生中有两本书经常翻阅，甚至是天天在看，一本是《圣经》，一本是《沉思录》。可以说这两本书就是克林顿的"死党"，在很多关键时刻为他"出谋划策""拔刀相助"。我非常喜欢的一位作家余秋雨，他在旅途中总会带着一位"朋友"——《金刚经》。闲暇之余，他总会品读两段，就像在和老友叙旧，别有一番情韵。

捧书怀旧，温故知新。相信这样陪伴你一生的书，一定是一本好书，一个好朋友。

阅读的诀窍

语文学习能够培养学生很多方面的能力，其中之一就是对于文字的理解能力。文字理解能力强的人能够在日常生活中快速收集信息，快速反应，从而比其他人更容易获得机会。文字理解能力强的人，在语文、数学、英语等学科甚至其他学科的考试成绩方面，也会表现突出。因此，我们要关注学生这方面能力的培养。靠什么？除了教师上课的点拨，就是学生课下的有效阅读。希望以下的经验，可以给大家一些启发。

我的阅读诀窍是：一心，二问，三动笔。

一心。

很好理解，就是指一心一意地读书。读书不在多，不在快，而在于用心。我的同事经常夸赞我的记忆力好，"语中必有书中言"，其实，这恰恰归功于我读书慢、读书用心。人的脑容量也许足够大，然而单位时间的记忆量总是有限的。读书并不在多，因为我提倡选对的书，而不选贵的书，时间总比无用的书更宝贵；读书也不在快，因为我要把时间花在思考上，学而思，思而学，空读就像空谈一样徒劳；读书在于用心，要将注意力完全集中在读书之上，正所谓"不入迷，难出奇"。

二问。

在读书的过程中，我们不是以自己为中心，或者说不是站在自己的立场上看书，而要彻底走出自己，在一个尽量客观的角度，谦虚地进行阅览。通篇你只需问自己两个问题：一、作者为何写这本书？二、作者是如何写这本书的？这两个问题都不是表面文章，而是在你通览全文时，耐心体会出来的。在辅导学生阅读时，要让他们首先明白自问这两个问题的意义——第一个问题的意义在于培养学生客观的判断力与洞察力。学生处在逻辑判断养成时期，大多数孩子表现为以自我为中心。这是一个普遍的现象，不该被我们忽略。孩子看问题主观武断，只有训练他们用不同的视角看这个世界，才会让他们的发展趋向全面平衡。可以说思考作者的写作初衷，有效地锻炼了他们的思维能力。如果学生年龄较小，我们可以提一些简单的问题，如"作家是为谁写的？"或"作品又是给谁看的？"，等等。第二个问题是为学生的写作服务的。摸清了作者的写作提纲，也就从整体上把握了文章。只有在这样的情况下，才会实现心理学家柯勒提出的"顿悟式学习"，才更容易回答第一个问题。当然，最重要的是为学生自己的写作收集了"写作模板"。当学生头脑中具备了充足的"模板"，写作时才会行云流水。如果学生年龄较小，也可以问他"先写了什么，然后写了什么，最后写了什么"，起初不要询问得过于具体，关键是培养一种思维习惯。

三动笔。

徐特立老先生曾经有句名言——不动笔墨不看书，作为他得意门生的毛泽东深受其益。我曾经买过一套《毛泽东点评诗文》。毛泽东每次看文章都要做大量的批注，有的批注甚至比原文还要长，足见他读书时思考程度之深。当然，这一点也深深影响了我。但凡我看过的书，都像被动过大刑的犯人，"伤痕累累，血迹斑斑"。下面我就介绍一下我是如何"三动笔"的。

1. 当你觉得眼下是好词好句时，不要吝惜自己的笔墨，尽情在下面画上横线。当然，为了美观你也可以使用你自己喜爱的符号。画横线就是为了加深你的印象，提高阅读的效率。有趣的是，毛泽东在批注时仿效了古人的做法，在自己喜欢的词句下画上圆圈，有时候甚至将全篇诗歌都画上圆圈。

2. 当你有了强烈的感触时，将自己的心情直接写上去。你经常会在毛泽东的文章中发现这样的字词，"好！""好诗！""同意！""还不错！""不准确！"等。事实上，这是带着感情色彩看书，而真正的大师作品往往都带有强烈的个人色彩。只有用心用情去读，才能与大师进行心灵上的碰撞。

3. 在书的页边直接记录自己的个人观点或他人的观点。这是与作家直接对话的阶段，只不过是作者先说，我们再对他说的话进行回应。在这个争取话语权的时代，简单的几句批注会让我们重拾信心，让学生们脱离人云亦云的泥潭，树立独立的人格。

对于少年儿童而言，"看书动笔"是一个非常好的读书方法。要让他们知道，这是使他们聪明的捷径。当一个人无论从谈吐，还是举止方面都受到他人称赞时，他自己就会深有体会——我的成就感与荣誉感来自我的阅读。当一个孩子熟练地掌握阅读技巧后，他就学会了自学——在减轻教师压力的同时，学生也学会了生存。

04

维系良好关系的秘方
——亲子游戏

从模拟厨具看亲子游戏

朋友送给我一套早教产品。我打开之后把教学用书扔在一边，却把玩具仔细端详。在我看来，0～6岁，尤其是0～3岁的早教产品贵在玩具（教具），而不是配套用书。不得不承认，从情节到制作，国产的图画书与国外知名绘本确实还存在一定的差距。这也难怪当当网童书畅销榜上的前十名都是外国的绘本。

我目不转睛地看着眼前的玩具，不禁喜出望外。这是一套模拟厨具，里面包括一个案板、一把菜刀、一个西红柿、一个长茄子还有一根胡萝卜。这些厨具都是木制品，所以可以确保儿童在使用时会非常安全。而在我看来，这是非常好的亲子活动道具，也可以说是非常好的亲子游戏。

在上一章节，我强调了亲子阅读的重要性，其实亲子阅读只是亲子互动中的一部分。就像丰盛宴会中的素菜，不可缺少，少了就是不科学、不健康的配餐了。亲子游戏则是亲子关系这道大餐中的肉菜，更吸引孩子，也同样能给孩子必要的营养。如果说

04 维系良好关系的秘方——亲子游戏

亲子阅读是静态的教育，亲子游戏便是动态的教育，更准确地说，是动手的教育。中国的基础教育，甚至高等教育习惯纸上谈兵，一方面是体制的原因，另一方面是思维习惯的问题。我们从小就过多地接收父母的二手经验、师长的过往教训，而没有主动探索未知领域的习惯。有一位中国学者曾经说过，年轻人不要再想推翻已经公认的理论。这句话其实是很讽刺的，年轻人如果没有一点探索精神与反叛精神，社会就不会进步到现在这个样子了。所以我们应该在孩子很小的时候，就开始培养他们亲自实践的经验，并且让他们从动手中获得真正的快乐与真正的知识。选择合适的亲子教具，对孩子好处多多，我想到了以下几点：

其一，提供良好的话题。

亲子关系需要亲子沟通，亲子沟通需要亲子话题，而亲子话题如果选择双方都感兴趣的，则可以起到事半功倍的效果。当然，家长应该培养自己广泛的兴趣。但我也发现了一个很常见的问题，那就是家长总是道听途说，或是凭借个人直觉购买孩子需要的玩具，在家长眼中有些玩具是那么的幼稚与无趣。要知道，亲子关系最重要的是互动，而不是施予。当孩子要求家长和他一起玩时，家长总是想尽各种理由搪塞孩子，其实最主要的原因是，家长自己并不喜欢孩子的这个玩具。我觉得眼前的这个模拟厨具一定会是家长与孩子都喜欢的，因为它们离我们成人与孩子的生活都不远。我之前也提到过家务劳动也是非常重要的亲子活动，如果能把玩具与劳动结合起来，我相信它会是非常完美的家庭教育。

其二，培养家庭意识。

学校总是通过思想品德课进行思想教育，这是不科学的。一个人有没有思想品德，不是看他想了什么，而是看他做了什么。思想品德课成绩很高不能说明是德高，只能说明智高。德高见于行，学校应该多为孩子提供施展良心行动的平台。在家庭教育中，家庭意识或称家庭责任感是很重要的一课。一个人总说自己很顾家，却一点家务活不干，那么他的话还能让人相信吗？所以行动说明一切，不要让孩子们成为生活的"演说家"，而要让他们成为"实干家"。

其三，提升感知力与行动力。

我在《孩子独立"靠"父母》一书中曾强调0～3岁是进行感统训练的重要时期，进行感统训练需要"专业"的器材，比如黑白棋布（训练视觉）、羊角球（训练触觉）等，其实有些玩具同样可以满足感统训练的需要。感统训练包括视觉、听觉、本体觉（运动觉）、触觉与平衡觉的训练。其中本体觉就是可以通过游戏与运动来实现训练目的的。本体觉的训练目就是让孩子的全身运动器官达到统和协调，简单来说就是可以正常工作与全身运动。使用模拟厨具这类玩具便可以很好地锻炼本体觉。此外，模拟厨具是立体的，书本是平面的，前者对于孩子获取厨房知识的效果肯定更佳。

其四，提供犯错误的机会。

行为主义大师同样也是教育心理学之父的桑代克提出了"试

误学习"或者称"错误性尝试"的观点。意思是人会在一次次失败中获取学习的经验与正确的做法。学生时代的我一直很不赞成这种观点，我承认错误或失败会加深记忆，起到自我保护的作用。但从另一个角度讲，很多错误可能会导致安全隐患和生命危险，我们不能让孩子在危险中收获经验。模拟道具的产生为我打消了这个顾虑，孩子可以犯错，在失败中总结经验，然后再进行真枪实弹，这是最好的教育路径。有意思的是，虽然是模拟厨具，我们可以按照正常做菜的全部过程来演练，包括洗手、洗菜、洗案板、洗刀具、放碗、切菜、倒入碗中、洗刀具和案板，收好……这一套下来，孩子会感受到家务活动的乐趣，并且愿意在将来的某一天成为你的小助手，加入到家务劳动中来。

在大多数家长的眼中，玩具就是玩具，学具就是学具。而在我看来家长应该把玩具当学具，孩子将来才会把学具当玩具。表现出对于知识的追求，对于生活的热爱显然是最重要的早教环节，关键是，我们一定要真心地表现出来。

与马未都先生聊亲子游戏

有一次我有幸做客广西卫视《收藏马未都》节目，从受邀到录制，我心里一直十分忐忑，这种紧张是前所未有的。分析原因,一方面是将要见到满腹经纶的马先生本人,确实体会到小粉丝见大明星的复杂心情!另一方面,文物收藏是我生活中的一处盲区,我虽然兴趣颇丰,却并没有涉猎此业一星半点。马先生大家风范,在淡定从容间总能流露几句诙谐妙语,着实令人钦佩。

当得知我是一个亲子游戏达人,为 3 岁孩子发明了 150 种亲子游戏时,马未都先生轻轻点了点头,眼睛里闪烁出赞许之意,这让我备受鼓舞。当我在现场播放了一段我在家中带着孩子做亲子游戏的视频后,马先生慷慨地褒扬道:"能够在生活中设计出这些互动游戏,需要非常细心……"而后又说,"你竟然能够想到 150 种游戏,我还真是想不到……"马先生如此谦虚,又如此不吝表扬,让人非常感动,而且你会觉得他的语言实际上已经达到了一个专业主持人的水平,等他说完,你会很自然地想多和他分享一些故事。

于是我讲了一个与收藏有关的亲子游戏。说到这个游戏,也就引出了我发明亲子游戏的由来。在我不到一岁的时候,父母便携手下海经商去了。我一个人在爷爷奶奶家长大,一般一周能够见到父母一次面,这样的情况一直延续到我上初中。在我记忆中,我特别喜欢去扮演不同的角色,编织不同的故事,实际上我一直存在着孤独感与自卑感。我收藏过硬币、邮票、游戏卡和门票,但时间都不长,其中坚持时间最长的收藏是烟盒。有的通过捡拾,有的通过索要,最后收集了近 100 个烟盒,放在了一个结实的大塑料袋中。虽然马未都先生收集的是价值连城的文物,我收集的是一文不值的烟盒，但是收藏的幸福感是等同的，收藏的任何物品都是收藏者心目中的宝贝。然而有一天回到家，我发现我的宝贝丢了，于是我万分焦急地询问妈妈，妈妈说她以为是垃圾就给扔掉了。妈妈一句轻巧的回答，却似在我心上划了一刀。与父母缺乏亲子沟通与亲子互动，成为我幼时难解的情结。

我在女儿出生之前已经开始研究亲子教育，我发现缺乏亲子陪伴的孩子或多或少都会出现自卑、自律性差、缺乏社会经验与社会交往技巧等特点。女儿出生以后，我力争给予她高质量的陪伴，她也成为我的心理治疗师。在三年时间里，我陪她一起阅读了100本绘本，也带她浏览名胜古迹，做客电视台节目，然而最值得骄傲的便是我为她发明了150种亲子游戏。在这些游戏当中，有一个游戏叫"小小收藏家"。收藏是一种生活态度，也是一种生活习惯。当孩子有了这份"作为"，她便有了细心与耐心，她会意识到这世界上有些东西是值得她珍惜的，有些内容是需要她付出的，有些事情是需要她坚持的。女儿的收藏品不是瓷器玉器，不是邮票纸币，而是衣服的标签。每次买了新的衣服，她都取下衣服的标签，放在自己的收藏箱里。现在她已经收藏了100多个标签，算得上一个"资深收藏家"了！看到女儿每一次的收藏动作，我都感觉很幸福，因为收藏让她显得更加果断、从容。

在介绍完我的游戏故事之后，马未都先生表示了肯定，他说："我们小的时候是慈母严父，父亲都是板着脸，如今是大不一样了！刘勇赫做的这件事情是一件对社会有益的事情！"非常感谢马未都先生的赞誉，也非常欣赏先生现场做的文物鉴赏。收藏不一定非要是文物，但世人皆要有一颗收藏生活点滴的心灵。

全家人可以一起玩的游戏

有一次，一家人聚餐。饭后，老人们依然留恋饭桌，在一起聊着过去的故事，我便带着千慧和她的表妹 Daisy、表弟 Allen 去了饭庄的一片空地玩新的游戏。作为千慧的爸爸、Daisy 和 Allen 的三姨夫，我给他们的印象一直就是一个可以陪他们一起玩的大玩具。而我也觉得，能和孩子们玩在一起是一件值得骄傲的事情。

我在空地上铺上大块的方形瓷砖，这些线条正好成为天然的"教具"。"来一场趣味田径运动会吧！怎么样，孩子们？"三岁的千慧和 Daisy 异口同声地说道："好！" 2 岁的 Allen 听到姐姐们的尖叫声，先是哆嗦了一下，然后歪着小脑袋，瞪起圆圆的眼睛看着两个姐姐，也笑了起来。

我拿起一个矿泉水瓶，一跃登上了饭庄的简易舞台。"各位选手请注意！各位选手请注意！这里是趣味田径运动会，请各位选手到二姨夫那里集合，二姨夫请举手示意一下。"姐夫一怔，没想到我一句话就让他变身"运动会服务人员"。姐夫扶了一下眼镜，举起了双手。三个小家伙兴高采烈地来到了姐夫身边。

"好的，各位选手请站好！我们第一轮的比赛规则很简单！"我继续站在舞台上认真地主持着。事实上，我曾经做过很多活动的主持，也针对不同人群进行过团体辅导，但是当你面对低幼儿童时，你既要保持主持人角色的鲜明特征，也要能够尽量明确而简化你的语言，"我来说一下要求，请裁判员姐夫做好讲解和辅导工作……"二姐夫又抬了一下眼镜，在我对面不远的地方做出了一个 OK 的手势。

"好的，每一名选手踩着自己脚下的那条直线走过来，左脚和右脚都要踩到直线，谁先到我这边谁获胜！……好，请裁判员给大家做一下示范！"憨厚的姐夫尽全力配合，做好了示范与解释工作，第一轮趣味跑步开始了！

Daisy 仰着头看着我，急忽忽地向我跑来；千慧也不甘示弱，在一路奔跑的过程中，边留意脚下的线，边侧头看看 Daisy……小弟 Allen 迈开自己的小方步，不急不慢地走起来，姐夫在后面一个劲儿地给 Allen 加油，希望他能够跑出男子汉的"气势"。

第一轮比赛，Daisy 和千慧几乎同时跑到了终点线，我向她们表示了祝贺，也总结了她们的问题：Daisy 要注意规则，千慧要更全神贯注。两名选手听得非常认真，还要求继续比赛。可能是感受到了我们这趣味田径运动会的热闹，孩子的妈妈们也被吸引了过来。我站在舞台上重新给大人们分工，又引导孩子们重新站到了起跑线上。在之后的时间里，三位选手体验了不同的趣味运动形式。

走三步转一圈；

倒着走；

双脚蹦着走；

单脚蹦着走；

走三步蹲一下；

左脚踩线的左边，右脚踩线的右边；

……………

我们姑且管这个游戏叫作"花样田径"吧！玩法还可以有很多很多，似乎永远写不到尽头……这个游戏看似很简单，却非常适合低幼儿童在一起玩。规则的多样化提升了游戏的趣味性，同时也让儿童对于规则更加重视。这个游戏对儿童早期的运动觉、平衡觉、注意力有很强的锻炼，同时对儿童的情绪管理、自我认知、行为规范等能力也有了相应的锻炼。最好的启蒙就是和家人一起玩耍，最好的训练就是和家人一起运动，最好的学习就是和家人一起阅读，最好的减压就是家人一起沟通。就像《挠脚怪来了》这本书一样，如果你理解了它的寓意你就会明白，挠脚怪不是一个人，而是一家人，他们围绕在一起互相挠脚取乐，感受到了家庭的温暖，忘记了各自的烦恼，收获了最大的幸福与温暖。家长给予的高级早教机、漂亮毛绒玩具等物品能够吸引"小挠脚怪"一段时间，但他们真正需要的其实还是父母的陪伴。

每一个家长都应该成为亲子游戏达人

我的一位从事学前教育的学生郭昕是一个 1990 年出生的山西女孩子，她曾经多次在课上、网上、电话里与我探讨并向我请教亲子教育的问题，给我留下了深刻的印象。毕业之后，她来到一家早教机构做早教咨询师，一做就是 5 年。由于专业过硬又吃苦耐劳，她很快便得到领导的赏识，被提拔为该机构某校区的校长。我很为小郭感到高兴，一个外地女孩儿没有任何背景，靠自己的辛苦打拼立足北京是多么令人钦佩！然而，26 岁的她却并不甘于只做个安稳悠闲的分校校长。经过努力，她后来又与一位加拿大的前辈一起创办了一所社区幼儿园——聚乐园。从装修到布置，从招募会员到维护关系，她都亲力亲为。再后来，聚乐园得到了回龙观社区居民的认可与喜爱，并于今年 1 月被决胜网评选为"最具口碑影响力儿童教育机构"。从小郭到郭校长，从郭校长到郭园长，她的进步令人称道，她可以说是"90 后"青年中的楷模。

去年年底，小郭给我发来了邀请函，希望我能够加入聚乐园。由于工作繁忙，无暇分身，我便拒绝了。今年年初，这个执着的山西女孩又向我发出了真诚的邀请，还向我提及了我在课上和他们讲过的"社区育儿模式"。我曾经跟他们介绍过社区育儿是育儿机构的发展趋势之一，这一点和社区医院有些类似。由于社区居民对于育儿的需求增长迅速，大型商场的育儿机构存在着交通成本高、路程耗时长、课程模式化等诸多不利因素。虽然我讲得很清楚，但我承认我并没有付诸实践，我把更多的精力放在了与家长线上互动方面，并暗自觉得自己很"时髦"。小郭将我上课时的原话搬出来，我顿时哑口无言。的确，作为亲子教育工作者，我应该深入到一线，深入到社区去，在勇气和果敢方面我不如我的这位学生。小郭在得到我的首肯后，在回龙观社区发了帖子，家长们听说我能够亲自来讲课，非常活跃，纷纷带着孩子来到聚乐园。有一位家长见到我非常激动，说道："我在怀宝宝的时候就开始读您的《奶爸经》了！"另一个2岁的小宝宝看到墙上挂着的我做节目的照片，总要凑上亲一下，这让我受宠若惊！孩子的妈妈还笑说："勇赫老师来了，我们可以亲真人啦，宝宝！"

和小郭探讨了一下，她觉得我的亲子游戏训练是最适合社区育儿的一套课程，简单易学，适合现场示范教学；家长们可以随时提问，并得到专业答复；他们可以回到家中反复练习，也可以在群里相互交流探讨。我的课堂讲求"亲子共学"，爸爸妈妈和宝宝都是学生。我和大家一起席地而坐，通过大家最喜欢的游戏方式开启宝宝的智慧，激发宝宝的潜能，促进良好的亲子关系。

通过三周的时间，我给回龙观的居民朋友们讲授了感统训练与亲子游戏、注意力游戏与精细动作游戏、社交游戏三次课，大家纷纷表示受益匪浅。不用购买昂贵器材，不用报名大型机构，只要运用家庭中常见的物品、父母共同参与，便能够达到最好的早期育儿效果。北京电视台青年频道《北京客》曾就我发明的"多变的垫子"的亲子游戏录制了一期节目，节目中我将家庭的地垫（爬行垫）经过拼插改装，变身为彩虹隧道，嘉宾朱力安和女儿玩得不亦乐乎。我在受邀参与《收藏马未都》节目时，跟马先生分享了我发明的"爸爸摩天轮""爸爸海盗船""攀登爸爸"等游戏，马先生看到通过家庭游戏训练孩子运动觉的视频后赞不绝口。当然，电视节目总是快捷而略带目的性的，要想真正体会到亲子游戏训练的奥秘，还是要面对面接受相关的训练与指导。

我相信这次深入社区，会切实帮助到更多的家长，让更多家长回归家庭，而不是置身事外；让更多家长成为早教责任人，而不是早教联系人；让更多家长可以与孩子一起成长，而不是把希望寄托在孩子一个人身上。感谢我的学生郭昕，是她对于早期教育的执着让我看清楚自己，更明白应该脚踏实地地做些什么。同时，也希望我为女儿发明的 150 种亲子游戏可以帮助到更多的家庭。我虽然不伟大，却有一个伟大的梦想，那就是：希望每一个家长成为亲子游戏达人。

爸爸如何陪孩子一起玩

越来越多的年轻父母意识到，夫妻共同育儿对于儿童的身心健康发展作用巨大。母亲侧重于儿童行为习惯、作息规律、生活细节的培养，而父亲则有精力与能力去关注儿童大运动训练（运动觉）、亲子阅读、亲子游戏等方面。在与孩子进行亲子互动的过程中，父亲可以观察并发现孩子的兴趣，激发孩子的潜能，做到"边学边玩"。在学前阶段，学与玩本身就是不分家的。下面我将介绍一些具体的适合父子之间开展的"亲子玩法"。

其一，大运动训练。

大运动就是指感统训练中的运动觉或本体觉。我们观察到有一些儿童在学龄阶段出现了口吃或跛脚等情况，这些表现都与早期缺乏大运动训练有关。在孩子1岁之前，父亲要多用手去抚触孩子的全身。另外，要多去抬孩子的胳膊、大腿、小腿，这些被称作"被动运动"，对于孩子的四肢发展有很大帮助。捏肌是一种提高孩子免疫力、调理肠胃的好方法。孩子1岁之后，父亲要多与孩子进行亲子运动，包括一起翻滚、一起爬行、一起拍球、一起唱歌，这些互动还有助于父子之间的感情的亲密。请记住，和孩子一起玩的时候要像个孩子。孩子3岁之后，我们要多带孩子进行一些有身体接触的"剧烈运动"，加大运动的强度。

其二，亲子阅读。

我们有一个非常有趣的发现，在儿童阅读推广人中，男士反而比女士要多很多。这不是偶然，因为父亲的确更适合进行亲子阅读。亲子阅读不是念书识字，而是借助书这个媒介与孩子一起玩。我想谈谈我的经验：一、表现出对书的珍惜与喜爱。我爱书，所以千慧从小就经常看到我捧书憨笑的场景，她在很小的时候就意识到书很神奇。二、1岁之前选择不同类型的书吸引孩子。我给她买过纸质书、电子书、布书、玩具书、洗澡书，为的就是让她感受到书是一个好玩的东西。三、关注她的兴趣点，并将其展开。打开一本绘本，我不指读，而是关注她先发现了什么，比如她发现了书中有一只长颈鹿，超过2秒钟，我便就此展开，以长颈鹿作为这个故事的开始。四、注意阅读中的交流。如果书中出现了小朋友的对话，我与千慧便参与其中，成为第三人、第四人。五、将书中的物品具象化。如果书中出现了椅子，我就搬来椅子让孩子体验去坐坐，如果出现了墩布我就让她摸一下墩布，最后再回到书本中。这样不但不会破坏注意力，反而让她觉得书实在太厉害了。

其三，亲子游戏。

我每周都会给千慧发明一个原创的游戏。亲子游戏会让孩子爱上生活，爱上与父亲分享感受。一起玩玩具可以，举高高也可以，这里需要提及的是游戏需要丰富，样式的区别更是类别的区别。有的游戏是训练思维的，有的是训练四肢运动的，有的是训练情商的，有的是训练反应速度的，有机会我会把这些游戏整理出来分享给大家。除此之外，我想强调一点，玩具不在于数量之多，而在于玩法之多。比如我会把小孩子踩的垫子，搭成隧道的样子让她爬，搭成红毯边上摆一排玩具让她走，搭成小棚子让她藏起来。你的创意会激发孩子的灵感。我女儿2岁时就可以自己发明"小乐器",下雨了她会说大地洗澡了……

拥有好的亲子关系,你会获得全家的幸福!

玩具熊深夜找父母谈话

深夜,"咚咚咚……"一阵急促的敲门声从孩子的房间里传了出来。

奶爸与辣妈一下子被声音惊醒了。"快去看看!是不是孩子一个人害怕了?"辣妈胆子有点小,一个劲儿地把奶爸往地上踹。奶爸使劲揉了揉惺忪的双眼,来到孩子的门前。

当他打开门的时候,发现孩子并没有站在屋门口,而是安静地躺在自己的小床上。"小东西,别闹啦,爸妈明天还要上班呢!"奶爸嘟着嘴,跑回到自己的床上。

"怎么回事啊?"辣妈问道。

"可能是孩子开玩笑呢,我看他睡得挺好的,快睡吧,老婆!"

他们刚闭上双眼,那阵急促的敲门声又响起来了,这次奶爸可气坏了,他心想:我得好好教育这孩子。奶爸飞快地跑向孩子的房间,却发现了令他惊愕的一幕……

在两个卧室中间的过道上,突然不知道被哪里来的一束追光照亮,过道上整齐地码放着三排玩具,而且都是面朝奶爸站好。

在三排玩具中,毛绒玩具站在了第一排,木质玩具站在了第二排,塑料玩具站在了第三排……

奶爸一句话都说不出来,辣妈感到非常意外,她轻声地问道:"奶爸,什么情况?怎么站在那里一动不动啊?"

奶爸了解辣妈遇到刺激后会有剧烈反应,所以他没有回头,只是朝后面摆摆手,表示没什么大事。就在这个时候,从毛绒玩具的中间,走出了一位玩具熊,它面目表情活灵活现,一步一步地向奶爸走来。奶爸所有汗毛都竖了起来,颤颤巍巍地向后面一点点地撤步。白天的时候,奶爸还嘲笑着这只熊又蠢又笨不灵活,而眼前的这只玩具熊,自如地挥动着手臂,并清楚地示意他"不要害怕"——奶爸怎么能不害怕,他感觉自己的腿已经撞到了双人床,双腿一个劲儿地抖动着,几乎要瘫在地上。但是他还是用最后一口气,跳上了床,并用手迅速捂住了辣妈的嘴……

玩具熊一个箭步窜上了双人床,两只眼睛微笑着,看着眼前的一对年轻父母。辣妈看到这一幕,本能地高声尖叫。因为奶爸提前做好了准备,所以辣妈的声音几乎没有放出来。然而她却用嘴狠狠地咬着奶爸的手,身体猛烈地颤动着。奶爸强忍着疼痛,他很希望眼前是一个梦,然后赶紧醒来。

"不用担心,不要害怕,我是玩具熊恩物,是上帝赐给儿童的礼物,也就是你们俗称的玩具!我很讨厌这个俗称,因为我的价值不只是陪玩而已。我忍了很久,本来不想也没有义务教育你们。但是我发现你们根本不会通过玩具,不,"恩物"这一神圣的物品给孩子带来综合能力的增长，让孩子提高交往水平，你看看你们都做了什么愚蠢的事情吧……第一，让毛绒玩具陪着孩子入睡。这很容易造成孩子窒息，非常的危险。第二，每一次买了一个新的玩具，你都会很随意地扔给孩子！你知道吗？本来我们在孩子的心目中是无比神圣的，可是你这么一扔，孩子也会像你一样把我们扔来扔去。之后，你们还很生气，说什么孩子的习惯不好，那不都是你们教的吗？第三，当孩子对我们表示欣赏，把我们递给你们看时，你们总说，宝宝你玩吧，我们不玩，我们还有别的事情……孩子的举动是一种分享，也是一种示好，你们根本不理解孩子的心情！当你双手亲切地接过孩子们认真选择的玩具时，孩子也就体会到了尊重的感觉，也就学会了去尊重别人！第四，玩具是孩子与父母沟通的桥梁，这是我们应该做的事情，可是你们有多少时间陪孩子一起做游戏？讨论他喜欢的玩具？第五，新买的玩具，你们有没有给孩子做过示范应该怎样玩？第六，孩子在玩的时候，你们有没有认真地观看，并真诚地给予赞美和掌声？第七，使用玩具的时候，你们有没有动脑筋想一想不同的玩法，以便更好地启迪孩子？第八，玩具不是全部，不要把孩子堆在玩具堆里，别以为我不懂，你们想利用我们，拖住孩子，然后你们可以做自己的事情，可是什么事情比孩子更重要呢？……好了，天快亮了，我没有时间了，希望我说的这些话对你们有些帮助……"

玩具熊的语速越来越快，当它说到"帮助"两个字时却戛然而止,面目的表情重新恢复了原状。奶爸和辣妈彼此看了一眼,流露出惭愧之情……

"爸爸妈妈!哈哈!……原来你们也喜欢玩具……你们摆放得真棒,哈哈……"不远处传来了孩子天真开心的声音。

用亲子游戏进行数学启蒙

我在 2010 年翻译了一套由美国圣智集团出版的图书,叫作《宝贝熊玩转数学》。当时作为一名资历尚浅的阅读推广人,我一直在向家长推荐绘本的情商训练功能,包括社交技巧、社会经验等。当我仔细审阅了这本书之后,我感觉自己在数学方面得到了第二次启蒙。《宝贝熊玩转数学》分三个等级,每个等级 10 本,每一本对应一个数学概念,总计 30 个数学概念。它通过极具戏剧性的生活故事,向我们展示了生活中的数学。令我印象比较深刻的是第三级的一个故事叫《客人请上座》,封面的左下角标注着本书的数学概念——代数。我相信,让我们学过代数的成年人用一两句话去概括代数的含义,可能也是一件比较困难的事情,因为它太抽象,太"数学"了!然而,这本绘本却用一个故事让儿童初步具备并了解代数概念。

故事是这样的,有一家餐厅非常受顾客欢迎,即便是排长队大家也愿意来这家餐厅就餐。餐厅来了一位热情的老阿姨服务员，她可能是刚开始从事服务员工作，所以还不太擅长组织客人就座，但是这丝毫没有影响她的服务热情。她首先数了一下来的客人总数：1、2、3……12。然后老阿姨念叨道："恩，6人一桌，一共2桌"，边说边飞速将所有方桌拼成2个大桌，招呼客人坐下。有些客人说道："可是，我们并不认识啊？"老阿姨连忙道歉，嘴里念叨着："4人一桌，一共3桌"，边说边飞速将所有方桌拼成3个桌，招呼客人坐下。这时候又有客人说："可是，我们并不认识啊？"老阿姨连忙道歉，嘴里念叨："3人一桌，一共4桌……"就这样，她组合了很多次，都没有得到顾客的满意。直到最后，有一位客人建议道："不用再摆桌椅了，我们已经都认识了。"于是大家围坐在一起。A×B=12，我们学习数学的传统往往是先给公式，再举例子，而这本书通过一个荒诞而不荒谬的故事，让我们了解到生活中有很多"可能性"。这不仅让孩子有了代数的意识，同时对于激发孩子的发散式思维与逻辑思维有很大的帮助。

我不是为这本书做广告，只是想说明数学启蒙真的可以更有趣、更有效。我也正是从翻译那套书之后，才开始关注早期数学启蒙的亲子互动方法的。我运用最多的不是亲子阅读的形式，而是亲子游戏的形式。我将早期的数学启蒙与理性思维相结合，并设计成了三个梯度，即数学概念级、理性思维级、逻辑思维级。通过不同水平的游戏来训练儿童的数理思维。下面我给大家介绍几个受到家长们欢迎的亲子游戏。

1. 比手比脚：数学是跟数字有关的科学吗？其实不是那么简单！比较、排序、分类、统筹都是数学，所以不要让孩子一直背数字啦！让孩子接触一下"大数学"的概念。第一个游戏很简单，但是对于数学启蒙来说很有用。让爸爸妈妈把自己的手和宝宝的手放在一排，让宝宝去了解大小的概念，并且将这些"手们"进行排序。一直以来，我们很容易忽视一个问题：我们本身便是最好的教具。接下来，我们可以比一下脚、腿、身高……数学启蒙，从我们自身开始！除了进行身体的比较，我们还可以进一步向儿童熟悉的物品转移，比如水果、蔬菜、玩具等。

2. 和谐号：这是我非常喜欢的一个游戏，非常适合3—6岁的儿童使用。可以让爸爸妈妈一起参与，也可以让更多的亲戚朋友加入进来。参加游戏的人站成一排，有人是后车头，有人是车厢，有人是车尾。有一个人作为游戏主持人发布口令，包括走，停，原地转一圈，原地转两圈，原地蹦一下等。一段时间后，车厢之间全部要重新排列，之后再继续游戏。这个游戏不仅让孩子了解了"先后"的概念，更让他初步具备了排列、组合的意识。在"和谐号"这个游戏中，孩子在数学启蒙之余，还训练了秩序感与情绪控制，可以说是一举多得。

3. 图书叠罗汉：将孩子喜欢的书放在一个小桌子上，与孩子一起向上码书。这样做一开始可以帮助孩子理解"整齐"的意思，一点点地码书，从比宝宝低，码到比宝宝高，让宝宝感受到

"书山"的变化。在这个游戏中，孩子开始体会数量关系，并能感受一个事件从量变到质变的过程。

4. 消费方案：购物或消费是最能训练儿童理性思维与财商的行为，我们甚至可以认为每一次消费都是一次早期的智力训练。曾经有一个家长向我咨询一个问题，他说外出时孩子总喜欢去贵的餐厅吃饭，比如在孩子眼中必胜客比马兰拉面要好，问我怎么办。于是我为他设计了两套方案。方案 A：必胜客，方案 B：马兰拉面+去动物园。方案 A 与方案 B 的总消费是一样的，然而选择却不同，我们要让孩子了解到贵不代表是最好的选择。这种方式还可以用在家庭消费的讨论中，在圆桌会议上，家人一起来设计方案，孩子也可以参与进来，大家投票来决定消费计划。等孩子大一些的时候，我们可以让孩子针对自己的红包或压岁钱进行消费方案的制定，帮助孩子建立起理财观念与合理消费意识。

通过4个亲子游戏培养孩子的行为习惯

当我们谈及早教的时候，我们总是聚焦在感统训练、注意力训练、精细动作训练、情绪管理、潜能开发等方面，殊不知"行为规范"也是早教中的重要一课。在孩子 3 岁之前培养他的规范意识、规则意识与服从能力，将会让孩子更容易适应未来的社会。

04　维系良好关系的秘方——亲子游戏

在社会学上,有一个词语叫"早期社会化"。这个阶段恰恰和我们所说的早教年龄是吻合的。在这个年龄段中,儿童通过向父母尤其是母亲,学习社会规范,模仿母亲的行为,通过亲子互动学习社会经验,逐渐从一个生物人向社会人过渡。这里,不得不提一个词语"服从期"。这个概念是我在我的教育专著《奶爸经》中第一次提出的,除此之外还有3~6岁的协商期。服从期是以服从能力与意识的培养为目标的时期,它恰恰是培养良好行为习惯的最佳时期。母亲总是通过个人的社会经验教育孩子是非曲直,善恶美丑。根据教育一致性的原则,母亲是教育权威者,其他家庭成员不可当面反驳母亲提出的教育口令,要私下(不当着孩子面儿)进行沟通协商;母亲的口令一旦提出,就要执行,不可随意收回;母亲的口令要清楚明了,要用孩子能够听懂的短小的语句表达;母亲需要通过丰富多彩的亲子互动形式让孩子更好地理解行为规范的做法与意义。

一般来说,作息规律从孩子6个月大开始培养,而习惯培养从孩子18个月开始。不同孩子由于心智发展水平不均衡,可能存在先后差异,但最晚不要晚于22个月。这是因为从24个月开始,孩子开始逐步进入了第一叛逆期,我们要让孩子进入习惯培养的节奏,所以要提前进行。孩子到了24个月大时,很多家长感到猝不及防,觉得孩子突然以自我为中心,有了很强的自我意识、物权概念甚至是行动能力。实际上我们大可不必惊慌,虽然他处于叛逆期,但依旧处于服从期的管辖内,以母亲为教育权威的原则并没有改变，你抵挡住了他的叛逆，你就获得了胜利，孩子的"服从能力"与"服从意识"也已形成。在《奶爸经》中，我也提到过我的"性格面具理论"。人的性格并不是单一的，而是复合的，比如你在面对同事、朋友、领导、偶像时会截然不同，这体现了人的社会性。人一生要带上6张面具才算成熟，包括服从、协商、反叛、顺从、主导、包容。我经常举到这样一个案例，一个上小学的孩子总是不能很好地适应集体生活，也不会听从老师的要求，这往往和他0~3岁的时候被家长过度溺爱与忍让，缺乏服从训练有关。

当然，我依然坚持我之前的观点。"早教就是亲子互动"。具体来说，就是建立以母亲为权威教育角色，父亲为协调教育角色的亲子关系。在此基础上开展包括亲子游戏、亲子运动、亲子沟通等在内的互动形式从而实现早期训练、提升社交水平、增长社会经验、开发个人潜能等。因此我坚持，早教是家庭的事情，而不是早教中心的事情。也正是因为秉承着这个理念，我向家长们推荐了自己研发的150种亲子游戏方法，鼓励家长们在家庭中对孩子进行高质量的陪伴与指导。

我将行为规范这部分分为修身习惯、家务劳动、社交礼仪三类，它体现了从个人到社会的过程。言传不如身教，身教不如互动。在亲子游戏当中，儿童更容易体会和理解家长的用意，更轻松地掌握经验与方法。下面我来介绍五个有关行为规范的亲子游戏。

1. **玩具盖被子（修身习惯）**：这个游戏真正的设计师其实是我的女儿千慧，所以也请我自豪 5 秒钟。将玩具（可以是很多个玩具）侧卧着摆在床上，码成一排排，中间留有等距的空隙。让宝宝来给它们分别盖上"被子"，过一段时间再给它们"翻身"。儿童在游戏过程中，理解睡觉的过程，体会睡觉的"舒适"，学习睡觉的规矩。

2. **小小收藏家（修身习惯）**：收藏是一种生活方式，更是一种修身方式。一个简单动作坚持下来，便会产生伟大的力量。千慧从 2 岁开始收集衣服的品牌标签，每次买了大人或她的衣服，她总会兴致勃勃地要标签，然后收到自己的小柜子里。她现在已经收集了满满一柜子，她非常有成就感。这个游戏，可以让她学会自我整理，学会坚持，学会生活。

3. **衣架归类（家务劳动）**：儿童需要在生活中有一种参与感，参加家务劳动是他们的权利和义务。每次晾完衣服我都会和千慧进行分工，我把衣架取下来放到床上就去收衣服，她每一次都可以把衣架按照不同类别归类码好。成人看似简单的事情，对于孩子也许就是最好的锻炼。

4. **玩具班车（家务劳动）**：孩子经常会把玩具随手一放，搞得地上到处都是，家里像个玩具城。我让千慧推着她的玩具车，唤作"玩具班车"，她需要接她的玩具们回到玩具各自的家中。这样一来，玩的时候可以痛痛快快玩，收拾的时候也可以做到规规矩矩。

5. 走红毯（社交礼仪）：用地垫铺成长长的红毯，红毯的两旁放好两排毛绒玩具，为千慧换上华丽的服装，当然也少不了红毯音乐。那气派，那排场，就像为戛纳电影节做好一切准备。走完红毯，别忘了和家庭成员握手、拥抱，这一定让孩子记忆深刻。

05

"互助式"家庭教养模式，养出高情商孩子

反向家庭教学法

作为三大教育的基石，家庭教育越来越受到全社会的广泛关注。我所研究的亲子教育其实就是家庭教育，亲子教育的核心是亲子关系的建立与维护，这其实就是教育对于社会与家庭的贡献。教育以一种较为温婉而积极的方式为和谐社会做着巨大的贡献。尤其是基础教育，小学教师需要付出更多的艰辛与智慧，才能让孩子们适应新的环境，即从以自我为中心的家庭环境到强调规则与协作的集体环境。

在我做小学教师的那几年，我深刻体会到，学生在变化，教师也在变化。学生变得见多识广、思维敏捷；教师变得博学多才、宽容可亲。这是这个时代的要求。很多校长、教师都在考虑校内与校外教育资源的整合，其中最突出的是"家校合作"。有人认为这是教育的革命，可以为学生提供更好的教育环境，同时也可以促进家庭和谐；也有人认为这无疑是把教师的教学目标分配给了家长，无形中增加了家长的负担。对于这个问题，来自翠微小学的于千老师有着自己的见解，她认为，"家校合作是一件好事情，它的存在不是为了家长与孩子们共同完成教师要求的作业，而是创设了一种互相学习的环境。"我非常赞同于千老师的这个观点，并相信她肯定拥有这种实践经验，于是决定去采访她。

于千老师曾经在东城区教书，在通州区支教，现在在海淀区翠微小学教书。教学经历丰富的她对于翠微小学的核心理念、教师专业水平以及校舍环境赞不绝口，以至于忘记了我是来采访她的，而不是她的学校。

幸运的是，于千老师刚刚上完了一节二年级的兴趣课程——北京历史文化。面对这个严肃的课程，我真不知道如何对六七岁的孩子开讲。于千老师说课堂上她会利用多媒体，给他们放一些影片片段或经典图片，但这只是这堂课很小的一部分，这堂课是立体的、延展的，延展到每一个孩子的家庭，每一个父母。

我感觉有些夸张，连忙问她是怎么做到的。于千老师笑谈："我的秘诀其实很简单，我在第一天接触学生时，就给了他们一个新鲜的定位——'我是小家教'。"

在我们传统的教育里，教师与学生是非常明晰的两种职业，教师的天职是教育，学生的使命就是学习。这样一来，就形成了一个封闭而单向的工作履带，循环往复。教师一心一意，然而却难以突破自我；学生唯命是从，却无法开阔视野。此后，有人提出了教学相长的观念，这就是说，在课堂教学里，学生要获得进步，教师能力同样也要有所增长。这个观点其实可以认为是学生地位的提高，因为在这个观点下，教师与学生都是学习者与受益者。然而，你会发现，"教学相长"的最大受益者还是教师。

于千老师最可贵的地方在于，她看到了让学生获得进步的捷径。很多学生从小学开始就对学习失去了兴趣，原因其实很简单，对于这些学生来说，学习没有给他们带来成就感与满足感。而学习优异的孩子们也不过是在拿到成绩单之后获得短暂的快乐。于千老师认为"学以致用"就可以解决这个大难题。让孩子做父母的"小家教"，就是这种理念的一种实践。

今年她在翠微小学开设了兴趣课程北京历史文化，很多学生得知是她上课都踊跃报名参加。她在第一堂课就告诉孩子们，你们不是单一的角色，或者说你们不仅是学生。学生一听，感到好奇。于千老师说，你们既是学生，也是教师。这句富含哲理的话让学生们心血沸腾，因为没有人这么说过。她告诉学生，我可以教给你们，你们也可以教给父母，因为你们知道的，父母未必会知道。听课的学生表示怀疑，她就说："不信，我们就试一试。"她让孩子们回家去问父母两个问题，如果答出来了，就表扬父母，如果没有答出来，就耐心地教给他们答案。这两个问题是：北京的历史有多少年？北京最初的名字是什么？

第二次上课的时候，孩子们非常高兴地分享了他们的经历。孩子们表现得非常得意，因为绝大多数家长并不知道这两个问题的答案，事实上只有一名家长说出了正确答案。孩子们在做"小家教"的过程中，真正获得了成就感、价值感与满足感，这就是学习的乐趣。

而在刚上完的这堂课上，于千老师又让孩子们回家与父母分享一种北京小吃，然后由父母给他们讲讲小吃的来历与配方。如果父母不知道，下节课讲完后孩子们再向父母"传授"新知识。

于千老师管她的这个方法称为"反向家庭教学法"，并准备把这种方法介绍给其他的老师和家长们。我觉得这种方法很妙，反向教育可谓是低年级学生"学以致用"的法宝。

于千老师认为反向家庭教学法归根结底是"学以致用"的一种尝试，说得再具体点，它就是社会实践的一种。让孩子的学习与社会实践能够紧密联系起来，她坚信这是她未来要努力的方向，也是教育发展的方向。

到底和要孩子聊什么

我一直在向家长传播一种新的理念，即人际关系的好坏取决于亲子关系，亲子关系取决于亲子沟通，亲子沟通取决于亲子沟通的话题。好的话题决定了好的沟通，没有好的话题就没有好的沟通。因此，我想来讲讲沟通话题的内容。

事实上，亲子沟通从母亲怀孕时就开始了。孩子在娘胎里接收着外界的信息，由于声音在固体中传播最快，胎儿实际上更容易接收各种信息。让孕妇接触一些节奏平稳的音乐，非常有助于胎儿心脏的发育。有些准爸爸喜欢与肚皮里的生命进行交流，这是非常必要的，因为声波的刺激会加快胎儿对于外界的适应能力。但是值得一提的是，不同的声音和语调对于胎儿的发展更有好处。

0~3岁的婴幼儿处于感性思维阶段，他们会被不同的感觉刺激，如鲜艳的颜色、悦耳的声音。孩子无论是1岁还是2岁开始学会说话，由于受到大脑发育的影响，也只能停留在简单的模仿阶段。沟通意味着相互传递信息。0~3岁的时候，孩子多半处于"收听"的阶段。值得一提的是，孩子在这个阶段认为母亲和自己是一体的，母亲与自己的对话就是自己在自言自语。在这个时期，母亲的评价决定了孩子怎样看待自己，甚至可以说为孩子贴上了终身的标签。

由于婴幼儿不具备成人的思维能力，所以我们与其沟通的话题也显得极为有限。这时候不必急于让他死记硬背知识，更不可以和他讲大道理。多冲他微笑，带领他进行丰富的感统训练（如阅读相关书籍），才是当务之急。把对孩子的要求改为参加更多的活动，引导他们多接触不同的场合和人。0~3岁不是语言沟通训练的时期，我们只需表现出对儿童更多的宽容即可。

4~6岁是亲子关系的建设时期，可以说这个时候的亲子沟通是最重要的。从另一个角度来说，6岁之后，儿童进入了叛逆期，也进入了学校环境，父母对于儿童的"说教"或"传授"显得阻力重重，沟通的内容会发生转折。可以说，6岁之前，由于心理与智力发展水平较低，处于服从期的儿童非常愿意接受父母提出的指导性要求，这样足以让他们体会成就感。我们经常评价七八岁的孩子"七八岁，讨人嫌"，而觉得四五岁的孩子是最可爱的，因为他们听话，好管理。可以说，这是我们站在大人的角度，又在用成人的标准去衡量孩子。我们发觉，大多数家庭教育模式是这样的：6岁之前溺爱，6岁之后严打。之前，我也经常听到一些教育专家讨论，关于孩子到底该不该打这个话题。有人认为"孩子不打不成器"，跟他们讲道理根本无济于事，该严厉惩罚的时候就得严厉，这样才可以修正他们的行为……

事实上，6岁之后教育的尴尬，完全是因为6岁之前教育的失败。该理性爱的时候，我们溺爱孩子；该感性关怀的时候，我们严惩孩子，难怪如今有这么多父母与孩子之间存在着矛盾与误会。

4~6岁之前是父母，尤其是母亲为孩子传递"社会经验"的时期！在沟通过程中，孩子在父母那里学会了如何处理人与人之间的关系，如何对待不同的观点，如何表述自己的感受。我曾发表过一篇名为《就管"孩子"到6岁》的文章，文中说，6岁之前儿童接受了良好的家庭教育，6岁后就能基本形成好的行为习惯。因为有备而来，所以他们在学校生活中会显得游刃有余。因此，6岁之前的亲子沟通与教育尤其重要。

我们与孩子聊些什么呢？当然是共同话题。我想，无论是销售员与客户，还是丈夫与妻子，共同话题才是拉近双方关系的法宝。可是我们与孩子有什么共同话题呢？从年龄到能力，从环境到经历，我们基本上没有任何的共同点。在这样的情况下，父母对待幼儿的态度，往往是"宠物化"的，这种做法对于儿童的身心发展很不利。我们需要将我们理性的爱表现出来，我能想到的最好的平台就是绘本阅读。

随着时代的进步，读书的目的已经不是单纯地获取知识，图书有着更大的价值等待着被人类开发。图画书（绘本）的一大价值就是为亲子沟通提供交流的话题，并且是一个非常有效的亲子关系平台。为什么这么说呢？图画书不仅属于孩子的童年，同样也是我们这代人美好的儿时记忆。《孙悟空大闹天宫》《邋遢大王奇遇记》《黑猫警长》，这些经典故事与主角形象深深地印刻在我们脑海，捧着的一本本书也许就是我们生命中第一次感受到的幸福！手捧着我们共同心爱的图书，幸福的喜悦会从我们顺利流向我们的孩子。功能性绘本，尤其是情商绘本，可以作为情商教育的最佳教材。情商绘本，如《彩香蕉》《宝贝熊玩转数学》等，通过短短的几个小故事，展现孩子与孩子之间、孩子与大人之间发生的或可能发生的生活琐事。通过孩子的沟通、行为，事情朝着大家满意的方向发展，让读者体会到生活的美好与意趣。情商绘本专门以情商培养为重点，不同于品德教材的是，它更看重的是挖掘孩子的想象力，培养他们灵活的应变能力。打开情商绘本，每一个小角色的内心世界，都是父母与孩子沟通的话题。"亲爱的宝贝，他遇到了什么问题？""他现在的心情怎么样？""如果是你，你会如何去做呢？"类似这样的心语交流，既能轻松让孩子学会关心别人，又可以教会他们如何与人相处。让孩子站在家长的角度想问题是一件困难的事情，但若让他们替故事中的小孩子着想，他们一定非常容易接受。

我始终认为沟通的目的在于增进情感，而不是达成一致的目标。一个会沟通，善于交流情感的人，无论是在学习、工作还是恋爱方面，都将成为社交达人。4～6岁的亲子绘本阅读，就是儿童未来成功的第一步。

另外，我们的沟通当然不可以拘泥于书本之上。我们要鼓励孩子，并为孩子创造机会与其他小朋友接触。我认为，交流孩子之间发生的故事，一定是他们非常感兴趣的话题，只是很多父母朋友们并不把它放在眼里。不要小看同辈群体之间的互动，它的作用丝毫不逊于书本上的知识。孩子们在一起能够最直接地体会到合作、竞争、成功、失败、追捧、冷落……他们会在一次次的游戏中，适应人类社会，明白人与人之间关系的微妙。父母在与孩子的聊天过程中，不要带有道德色彩，如"他不是好孩子，你离他远一点！"或主观判断，如"我估计你是他们那里最强的！"而应该以开放性的话题为主，如："你们这里谁比较厉害？""他怎么那么厉害啊？"在这种问话过程中，孩子会有"被尊重"的感觉，他也会用这种提问方式去问别人。不容置疑，父母最关心自己的孩子，我们会迫不及待地问："你怎么样？""他比你强吗？"在儿童游戏过程中，"过程"永远比"结果"重要。我们应该用较为理性的方式引导他们，让他们觉得我们的话很

"有用"。但是，我们没必要告诉他们如何做是最好的，而是要告诉他们获取"最好的"结果的方法。"他厉害，一定有他的原因，不如去问问他有没有诀窍？""我相信，你要是帮助那个小朋友，你也许会更加厉害！"

任何人，无论岁数大小，都希望收获真诚与建议，4~6岁的孩子也不例外。除了以绘本亲子共读，以孩子之间的游戏为交流话题，我们还可以围绕孩子自身的话题来交流。

在一次活动中，有一个六七岁的孩子向其他小朋友发送自己的名片。收到名片之后，其他孩子首先感到新奇，然后便表示乐意与他交往。我收到名片后，更加佩服这个小孩子，因为他已经形成了一个比较成熟的观念——大人、孩子都可以成为朋友。他的名片上像模像样地记录着他的学校、班级、姓名、QQ号、兴趣爱好。天啊！太有才了！他了解自己，也希望让其他人了解自己，并且使用了名片这种有趣亦有效的方式。受到他的启发，"个性名片"成为我培训孩子的一个保留项目。

关于自己，每个人还是很容易描述的。因此，我们可以聊一聊关于孩子的一切，包括姓名、性别、年龄、身高、体重、血型、兴趣、爱好、特长，喜欢的颜色、数字、食品，崇拜的同学、老师、偶像，最想去的地方，直到最大的梦想……了解孩子，才能更好地教育孩子。同时，孩子对于自己的了解，也有助于其身心发育。在询问孩子的过程中，也需要引导他们关注父母的基本情况，如"你喜欢红色，你猜妈妈喜欢什么颜色？""你喜欢跳舞，妈妈其实也喜欢跳舞呢！"这样一来，他们也就学会了将来如何与陌生人进行交流。

在所有基本信息中，"兴趣"是需要格外注意的，孩子无意间说出的"兴趣"，很有可能就是他们潜能爆发的地方，很有可能就是未来生存的立足之本。如果孩子又一次说"我喜欢跳舞！"那么你就要"认真"一下，争取让孩子保持尽可能长的热度。切记不要让孩子频繁更换"兴趣"，这对于他的成长没有任何好处。重视他所说的每一个"第一次"，也是让他学会对自己的言谈负责任。既然"喜欢"跳舞，我们就要了解跳舞，在与孩子沟通过程中，我们也要渗透出对于舞蹈的热衷，更重要的是让他思考，如何能够成为一名很好的舞者。买一些教学片，报一个教学班，甚至拜访一些老师，让他觉得什么事情的达成都需要以付出作为条件。我们的鼓励不是用在孩子的进步上，而是用在他的毅力上。

不如教孩子生存之道

我们经常会看到一些亲子教育的书籍强调"养育之道"，作者费尽心思把亲子教育的重点放在家长的表现上。这让我感到有些遗憾，毕竟亲子指导与宠物饲养是不一样的——无论是儿童，还是成人，都是一个独立的个体，就像一枝枝野菊，土壤、空气、阳光、雨水给了它充分的营养；养在家中的菊花，最重要的几项都不充足，却靠肥料来弥补，显然是我们忽视了植物真正的需要。作为孩子，他们最需要的不是养育之道，而是生存之道。

顺便说一下学校教育。虽然如今的教育理念有了一些波动，从教师中心论，进化为以学生为主体，但教师依旧是主导地位。学生的自主性与积极性被无形的大手压住了。教师们在教研会上、组内会上、办公室里讨论的还是我们该怎么教，我们该如何对付这些孩子。学生的想法被回避，教师的想法被表彰，最后进步最大的不是学生，而是教师。现在有些专家认为学情分析即学生学习情况分析应该被列为备课内容的一部分，这点微乎其微的进步让人心酸。我们教育的最终目的是培养学生，而不是教师。

我再讲一个真实的故事。有一个班的学生化学成绩格外突出，优秀率远远超过了其他班级，在全区也是榜上有名的。记者与教研员一同来到该班采访学生。教研员问的第一个问题便是："你们化学老师是怎么教你们的？"学生的回答令所有人瞠目结舌，他们说化学老师没怎么教，从不指定作业，而是让他们自己去书店挑练习册。久而久之，学生们选择练习册有了经验，也能针对自己的问题去找答案，成绩反而提高得很快。这位老师是不是很牛？他看似放任的一举，却真正锻炼了学生的能力，真正培养了学生的素质。和那些辛辛苦苦为孩子挑选练习册的教师相比，他是不是显得更加潇洒而富有智慧呢？

还有一个发生在我身边的例子：我上小学的时候，曾有一个

05 "互助式"家庭教养模式，养出高情商孩子

"全区十佳少年儿童"的评选活动。在我的印象中，最终选出的"十佳少年"大都是在支离破碎的家庭中成长的坚强勇敢的孩子。我当时还自我安慰道，我没选上，是因为我没有他们那么不幸。二十年过去了，现在想来，虽然这种评选方式有欠公平，宣传导向也不科学，但那些"十佳少年"确实在艰难的环境中成长得很优秀。不是父母离异，就是亲属重病，他们在缺少养育疼爱的前提下，反而变得更加自立、更加坚强。可以说，这样的遭遇让他们更早地掌握了生存之道。当年，我们学校被评选出来的"十佳少年"是个叫刘力的女孩子。据调查，她的父母没有离异，也没有得重病的亲属，那为什么选她？我认真听取了她的报告。原来，从小父母就对她特别"狠"。令我印象最深的就是无论刮风下雨，父母都让她一个人回家。她就是在这条独行的上学路上，学会了忍受，学会了孤独，学会了天冷加衣服，学会了下雨撑雨伞，学会了防盗，学会了自我保护，学会了起早，学会了太多太多……二十年后，我明白了刘力之所以获奖，是因为她比我们更早地学会了生存。

让孩子走路，我们要当路标而不是交警，这样，他们可以走得更好、更远。路是自己走的，才认；事是自己揽的，才担。路走得多了，才能悟出道来。道是从路来的，路是从足来的，足是从人来的。

谈到这儿，又得说说那个经典的故事了——"授之以渔"还是"授之以鱼"。以前我们都是一样的答案，选择"渔"而舍

弃"鱼"。其实，这个问题是站在"长者"的角度提出来的，无论是实物还是选择权都集"长者"于一身，带有典型的封建等级色彩。要我说，我们应该问问孩子，你是"收之其鱼"还是"收之其渔"？如果有可能，我希望孩子们可以全选，吃着鱼去钓鱼；如果没有可能，我希望孩子们明白，生存需要眼前的食物，还有今后获得食物的工具。

生存之道，并非不管。我们提供的应该是思路，并让孩子学会自己总结生活经验。

养育之道，并非无用。我们可以通过物质形式，让孩子理解社会的运行方式。

没有什么比学会生存更重要，这恰恰是我们大多数家长、教师，还有教授所忽略的问题。从小学到大学，长时间的被动学习模式让毕业生失去了生存的动力。难怪如今的就业形势很扭曲——一方面，大学生失业在家；一方面，大中企业求贤若渴。

数学家与水手在一条船上，突然天降大雨，狂风肆虐，就在小舟要翻的那一刻，你希望你的孩子是哪一位呢？

亲子电影让家长看到孩子的成长

我非常欣赏加拿大媒介理论家马歇尔·麦克卢汉说过的一句

话："谁要试图给教育和娱乐划个分界线，谁就既不懂教育，也不懂娱乐。"而现实生活中，有太多的教育工作者声色俱厉或照本宣科地"教育"着学生；也有太多娱乐工作者创作着空洞浮躁、缺乏营养的"视听快餐"。从事过多年学校教育工作的我非常清楚，教师对学生的教育是有限的，学生的成长受到了来自家庭、学校、社会共同的影响。可以说，将教育内涵融入艺术作品中，既是一种能力，也是一份责任。电影由于其自身的特点，受到了大人小孩的一致欢迎。如果我们能拍一些优秀的亲子电影，必将助力亲子关系与家庭教育。

前段时间，我观看了一部名字为《蜡笔总动员》的动画电影，感受到了国产亲子电影的进步。在亲子电影当中，最重要的电影要素是人物设计。当孩子与家长一起观看影片时，双方都在将角色与自身，与对方进行比较。电影中人物之间的关系也会被拿来进行比较。在《蜡笔总动员》中，几支颜色不同的蜡笔是好朋友、好伙伴，但是他们的性格、气质却截然不同。萌妹子黄小仙娇俏可爱，又有点胆小羞怯；红辣椒热情而富有朝气；蓝小帅自信、阳光；绿泡泡外表呆萌，有着一颗纯真的心。这实际上是在给家长传递一个信息，孩子的天性各具特色，各有千秋，不要试图将孩子打造成"完美"的人；这也会给孩子传递一种信息，原来我的一些表现是正常的，其他的小朋友也有这样那样的"问题"。不同类型孩子的"对号入座"体现了对于影片人物的认同感，使得"剧情教育"成为可能。

当胆小害羞的黄小仙和探险队员一道去冒险，拯救蜡笔世界时，观众似乎可以感受到黄小仙的挣扎与心跳，原来恐惧不是来自外在恶劣的环境，而是来自不自信的内心。当黄小仙一次次帮助大家解决了难题时，她也开始重新看待自己，觉得自己可以变得更加勇敢与坚强。当家长和孩子一起看到这里时，是不是也会回想起自己的童年，回想起自己拥有的"缺陷"。也许我们的家长没有关注到，也许谁也没有好的办法，于是我们将这个"缺陷"带到了成年。亲子电影最大的优点，便在于可以引发两代人的同时思考，思考如何可以生活得更好。当我们了解了孩子存在的"缺陷"时，是不是可以帮助孩子克服心理上的障碍，走出孤独与不自信呢？影片至少给了我们一个启示，同龄孩子之间是可以互相影响、互相促进的，孩子要和不同类型的孩子成为朋友，学到不同的内容。

影片的点睛之笔，在于对所谓"邪恶势力"的合理化。一个脾气暴躁、没有被上色的国王，私自来到了蜡笔世界，他的破坏引起了小蜡笔们的担心与害怕。与传统的剧情不同的是，国王并没有被打败，而是最终说出了自己的初衷——只希望能够被上色，成为一幅完整的作品。这种方式，让孩子们学会自我归因，很多不好的结果都是因为自己做得不好导致的。这具有积极的教育意义。我相信所有孩子在看完这部影片之后，都会明白"善始善终"的道理。

《蜡笔总动员》的画面很美，制作精细，仿佛将家长、孩子带到了童话世界。让孩子在童话世界当中接受"教育",自然比在现实世界中接受"教育",效果更好一些。

培养孩子的国际化视野

温斯顿·丘吉尔,政治家、画家、演说家、作家以及记者,1953年诺贝尔文学奖获得者(获奖作品《第二次世界大战回忆录》),曾于1940—1945年及1951—1955年两度任英国首相,带领英国获得第二次世界大战的胜利,被认为是20世纪最重要的政治领袖之一。据传,他还是历史上掌握英语单词词汇量最多的人之一,还被美国杂志《展示》列为近百年来世界最有说服力的八大演说家之一。2002年,BBC举行了一个名为"最伟大的100名英国人"的调查,结果丘吉尔获选为有史以来最伟大的英国人。

以上内容是对丘吉尔的介绍,给人的第一反应就是——牛!有人说他高瞻远瞩,有人说他知识渊博,有人说他性格坚毅,有人说他敏而好学……大家对他的赞美数不胜数,然而我却看到他身上的一个综合素质与潜质——国际化视野。

我曾接受过一个网络访谈,对方邀请我来谈一谈"80后父母如何培养国际化视野的孩子"。这是一个很新的话题,但是非常有意义。现如今,在全球一体化背景下,世界俨然一个大的"地球村",作为村民,我们应该互相交流与学习,为世界的美好做出共同的努力。

我们经常会听到孩子互相伤害或者轻生的新闻,一方面是由于我们社会教育的缺失,另一方面是因为孩子们甚至我们大人过于将个人得失放在首位。烦恼在心中死缠烂打,挥之不去。有些专家认为我们缺乏的是信仰,其实在重视信仰的国度也会出现这样那样的问题。人为什么会烦恼呢?因为不知道眼前的事情怎么办!或者说"没办法"。那么到底怎么办?有两条路可以让你不烦恼:其一,没办法就不办。但如果一味不办,也就一事无成。其二,没办法就想办法。这个想办法的能力不是临阵磨枪就可以得来的,是从小培养的,这属于亲子教育的范畴。

回到开头我们提到的丘吉尔,他从小有一个好习惯,这个习惯让他受益终生。当他遇到一个问题,头脑中首先要想出十几种解决办法。然后,他在这些方法中选择出最好的一个,用于解决眼前的问题。这样做貌似比其他人迟钝而缓慢,实际上却是对思考力的刻苦训练。所以在家人中、朋友中、战友中他总是最有办法的那一个人。在希特勒发起空战的时候,在同盟国法国宣布投降时,他始终没有放弃,而是坚信自己一定能战胜希特勒法西斯,他知道如果放弃就一点儿机会都没有了。他最终选择了联合与之对立的一方——苏联共同对抗法西斯,可见其在危机下的大格局与大智慧。

之所以以丘吉尔为例,就是因为他具有国际化视野,这种视

野让他心胸宽广,遇事不慌,成就伟业。国际化视野具备以下几个元素:

1. 国际合作与学习的意识。君子和而不同,我们应该感谢上帝创造的这个世界。在这个地球上生存着各种各样的人类,他们创造了各种各样的文明,让我们可以从不同角度了解这个地球,也为我们自己创造福祉。举一个例子,国际会诊现在比较流行,一些疑难杂症通过互联网可以汇集全球医生的智慧。这种行为就是基于国际合作意识,基于国际化视野。将来必然会有这样那样的问题需要国际合作来解决。

2. 沟通能力。培养国际化视野要依托语言这个工具,但语言学习绝非是全部。我对语言学习者的忠告是,一开始就要想明白语言学习的意义,一开始就要边学习语言边通过语言解决问题。学习语言就是为了培养国际化视野,从而提高自己的国际竞争力与影响力。创设语言环境,能方便学习语言。家长可以模拟各种场景与儿童对话、可以带孩子去英语角,最好是能让孩子用外语解决外国朋友的难题,从而让孩子对学习语言产生浓厚的成就感与自信心。

3. 知识结构。如果我们说国际化视野只是一种愿望或一种交流,其实是偏废了。国际化视野的核心内容是知识结构。这个知识结构既是综合的,也是专业的。我们正是带着问题思考才出现了"国际化视野"这个词。人可不可以做到既渊博又专业?很多人表示否定,认为人应该建立专业的知识结构而非渊博的知识结构,并把这种做法称之为"术业有专攻"。我在《孩子独立"靠"父母》一书中提出了"托盘原理"——菜肴做得再好,托盘过于劣质,那也是失败的大餐。这里的"菜肴"就是专业知识,而"托盘"就是综合知识。缺少好的托盘,就无法向世人展现你的菜肴。以日常交流为例,一个只会讲某个领域知识的人,会把朋友们吓走;而兴趣爱好广泛的人,会广交不同类型的朋友,听取不同的经验,最终会丰富自己的专业,学问也会做得更加深刻。国际化视野代表了更广阔的视野与舞台,对于完善个人的知识结构,指导个人发展路线更加有益。

有些网友问,什么样的人称得上具有"国际化视野"呢?我觉得具备以上三点,就可以称为具有国际化视野。关键我们如何能达到这三点呢?如何能够引导我们的孩子努力做到这三点呢?这不是一蹴而就的,需要重复做到"CASH"。这些是不需要孩子出国就可以完成的。所谓的"CASH",指的是 Communication,Activities,Studies,Help 四个方面。

Communication,即沟通。沟通的目的是什么?是达成同一个目标吗?错!沟通的目的是为了增进情感,拉近人际距离。国际化视野的获得,需要与国外友人进行沟通,目的同样是增进情感,拉近人际距离。《不喊"哎哟",喊"ouch"》一书的作者是一位思维敏锐、言谈风趣且朴实的人。他在书中一针见血地指出自己与外国人沟通时所犯的低级错误,揭开真实的"伤疤",让英语初学者们看得一清二楚。他给我的第一感觉是勇敢,他不怕别人说他笨，同时他也告诉学习者与交流者，勇敢是第一位的，勇敢表现出了真诚。其实我们与外国人之间存在的不是知识上的差异，恰恰是沟通方式的差异。沟通方式的差异来源于文化的差异。所以，我给英语学习者的忠告是，一边学习西方的文化，一边学习西方的语言。当你知道西方人喜欢谈论天气，而不是喜欢谈论吃饭时，你说出的话就会更容易被对方听进耳朵里。当然，接下来，你也就可以更容易了解对方在想什么。

Activities，即活动。我们之前谈到过亲子活动，它对于亲子关系的建立、增进亲子之间的了解与信任是非常重要的。而国际化视野的培养，需要我们多参与"国际活动"。有些"国际活动"是与亲子活动重合的，比如观看国外大师美术展、听国外音乐演奏会、游览国外名胜古迹。除此之外，我们还可以让孩子多去参加一些国际比赛，比赛第二，国际化视野培养第一。孩子可以在国际大赛中，认识很多外国的小朋友，建立长期的友谊。当然，一些本国的大赛也可以踊跃参加，如我曾经主持过的新概念英语大赛，组织方会请到一些外国的专家，他们对于孩子的点评与对话，相信一定能打开孩子们的视野。

Studies，即学习，这里指的是有目的的学习。如果说沟通、活动能够直接接触外国人，那么学习就可以直接接触外国文化。国际化视野就是为了对中外文化进行对比，从中选择出适合个人学习与发展的问题解决模式。这种模式的直接经验来源于沟通与活动，间接来源则是学习。我们可以通过系统阅读外国的图书进行学习，当然要从国外知名的绘本读起，如《宝贝熊玩转数学》《咕噜牛与小妞妞》《不一样的卡梅拉》《小兔汤姆》等。等到孩子6岁之后，我们要培养孩子独立阅读外国儿童文学，如《小王子》《汤姆索亚历险记》《窗边的小豆豆》等，小学阶段对于国外名著的阅读是建立国际化视野的基石。

Help，即助人。了解我的朋友会发现，在我的教育文章中，出现得最多的词语，除了亲子、独立，就是助人。这一方面可能与我是社会学与社会工作专业出身有关，这个专业的核心精神便是助人自助。另一方面，我也在工作生活中，总结出了经验，助人确实是扩大交际面和个体发展的捷径。相对于国际化视野，助人有着更为深刻的意义。我们对于国际问题的关心，对于国际困难的思考，对于国际友人的帮助，往往可以让我们具备更多的经验，建设更广阔的思维空间。助人是中华美德，同时也是中国人传播中华文化、结交中外友谊的桥梁。让国外的朋友了解中国文化，学习汉语，这其实就是对他们进行帮助的一种方式。当然，对于我们的孩子而言，我们可以从最基本的事情做起，为外国小朋友指路，为外国小朋友讲解中国文化等，这需要我们家长积极寻找机会。我一直想为孩子们建设一个"国际小朋友互助平台"，在这个平台上，小朋友们可以互相交流，互相帮助，增进各国人民的情谊，同时培养孩子们的国际化视野。

盗用柏杨先生说的一句话，"崇洋"但不"媚外"。文化本来就是无国界的，我们应该让孩子们多吸收外面的空气，当然也不能放弃本土的文化，否则又变成了"有菜没有盘子"了。最好的学习视角是国际化视野，最好的教育视角是对比教育。

一个孩子，站得有多高，看得就有多远，走得就有多快……

我的宝宝是专家宝宝还是管家宝宝

教育咨询学的核心观点是四个字——人尽其才。对于一个国家、一个社会、一个家庭，真要做到人尽其才，那是善莫大焉！人力资源得到优化设计、组合与使用，从整体上看是能源最大化，从个体上看是价值最大化。能源最大化将呈现出社会稳定、国家富强、生产力稳步攀升的繁荣景象；价值最大化将呈现出身心健康、自我实现、幸福感居高不下的美好状态。简言之，个人能够在自己擅长的领域创造最大的价值，国家就会处于最良性的发展状态。同样，职工在自己最得力的部门做最喜爱的工作，企业的前途将会一片大好。从国家存亡的角度，我们可以将自己与国家联系在一起，从个人发展的角度，我们同样可以将自己与国家联系在一起，这样的联系反而让我们个人更容易接受，这样的联系从逻辑的角度来说也更加合理。我断言将来的社会是两个人的天下——专家与管家。

无论是国家、社会组织还是企业都将会着重培养人才，外国科学家有将人才称作"智人"的说法。智人在各个方面超越了普通人群,引领着人类和其他世界上现存的资源走向未来。这批人可多可少,当然一个国家拥有的智人越多,自然也就越容易屹立在民族之林。这批智人,又分为专家型智人和管家型智人。专家型的智人在某一领域精通技术,无休止地创造与运用,其思维运转之快、思考程度之深,可以和计算机媲美。他们已经习惯运用古今中外各种流派的理论与应用技术,并与各个国家的专家形成思维联网,努力将各种生产方式效益最大化,以在能源极度紧缺的危机状态最大时限地延续人类种族。管理型智人具有超长的计划、组织、控制、指挥、协调与决策能力,集高智商、高情商、高财商、高权商于一体,是真正的人类领袖。他们与专家和睦相处,互相尊重与肯定,并为专家能力的发展提供最好的平台与服务。

专家与管家或成为未来世界的主宰,他们的贡献就是全人类生存与发展的保障。为了将来有一天,我们现在怀中的宝贝能成为智人中的一员,我们现在应该做些什么呢?当然,是培养与教育。

孔子在两千年前就提出了因材施教。"教育应该走在时代的前面!"维果斯基这句声嘶力竭的慨叹至今也没有在以重视教育大国自居的神州大地上应验。

忧国忧民,有时有度,让国家发展,使人民富庶,最终还要寄希望于现实,寄希望于我们自己,寄希望于我们的下一代。华生先生要求给他一打婴儿进行对照实验,而我们只有一个培养对象,就是我们自己的孩子。

是的,孩子与孩子在各个方面是有所不同的,我们的教育应该有所侧重。就像领导要慧眼识别各个新进职员的特长,家长也必须在最早的时间内了解自己的孩子,为孩子的未来把脉。很多专家认为应该让孩子自己去发展,这似乎是在尊重个体,实际上是不负责任也是不可行的一种选择。我将儿童分为"专家"型与"管家"型两类,为将来国家的人才储备也算做了一项贡献。

专家型儿童在很小的时候就对于某一领域极为感兴趣,并表现出超常的优势。很遗憾的是,方仲永的悲剧一次次的重演,这是家长在教育方面的失职与严重错误。对于个人兴趣的培养,应该高于对于知识的培养。独特产生自信,个人的优势也往往从他的兴趣爱好开始延伸拓展,如一个文笔很好的孩子,只要多加保护他的特长,即使不成为作家,他也可以在未来工作的领域里成为单位、企业的"一支笔",从而受到更多重用与提拔。好奇心、兴趣、爱好、特长到专长是一个层层筛选、去粗取精的过程。人可能有10个好奇心,由10个好奇心发展为8个兴趣,由8个兴趣发展成6个爱好,由6个爱好发展成4个特长,由4个特长发展成2个专长,最后二选一,成为他一生的职业与事业。我曾在"知心姐姐夏令营"中给来自全国各地的孩子讲过这个"潜能金字塔"理论。从小就要发现与发掘儿童的潜能,并持续地为他的某一特长提供充足的锻炼机会。其实,如果一个人能够将自己的潜能发挥到极致，他就是成功的，他也是幸福的。

　　管家型儿童在很小的时候并没有表现出过人的本领，却在儿童活动中表现出极大的热心与人格魅力。儿童们都爱围着他，甚至把他当作"孩子王"。像这类孩子，一般都具备很高的情商，他可以很容易获得快乐，并将快乐传递给需要的人。我们需要着重培养他在财商与权商方面的素质，并让他体会到在各种组织中的价值感，并且愿意服务更多的人。管家型儿童可以在知识层面上比较平均，但他一定拥有最多的常识与兴趣爱好，以便在各种场合与各类人士打交道。让他多去见识不同社会背景的人，从各种亲朋好友中获取经验与见识。

　　"专家"与"管家"，都要从娃娃抓起。这也是父母为他们贴的第一个"神秘标签"。对家庭专一的母亲是教育的专家，管理家庭的父亲是一个"管家"，我们的直觉有时候也是成功教育的一部分。

协助孩子而非犒劳孩子

"如果你考试得了双百，我就给你买毛绒玩具！"

"假如你超过了小明，我就给你买个 iPhone！"

"如果你考上某某大学，我们全家去香港迪士尼玩一趟！"

家长的这些话伴随着孩子度过了学生时代，一次次的悬赏，换回的是什么？有可能是成绩与欢笑，有可能是失望与责备。但不管怎么样，家长们坚信这是一个非常好的方法。

早在20世纪20年代，华生就举起了行为主义的大旗，其核心观点是奖励的结果会产生好的行为，惩罚的结果会抑制坏的行为产生。他扬言心理学的发展就是为了解释、预测和控制人的行为。行为主义后来演化成为社会学习理论，进而丰富了教育的内涵。中国教师很快吸收了这方面的经验，并将其传承至今。在学校中，类似"小红花""三好生""优秀学生干部""优秀毕业生"这些奖项屡见不鲜。这种教育方式既可以选拔出优秀学生，又可以让普通学生树立一个奋斗的目标，非常有利于学校管理。很多家长朋友们也有意效仿了教师的做法，只不过吸引儿童的"道具"改成了物质奖励。于是，也就有了我们文章开头讲的例子。

20世纪50年代，一群更为严谨的心理学家发现了行为主义心理学派的诸多问题。比如，行为主义来源于巴甫洛夫的条件反射理论，而巴老常年以动物为伴，做的都是动物实验。显然人和动物有着本质区别，所以行为主义的一些结论不能让人信服。更重要的是，每个个体的心理机制不同，当不同的人接收了同样的刺激后，会经过不同的处理，从而产生不同的效果。这也就是为什么老师有一套完美的奖惩办法，班上还是会有调皮捣蛋的孩子。法律制定得再严明苛刻，依然会有违法乱纪的人出现。

回到亲子教育的话题上，重复奖励会使孩子患上一种"奖品依赖症"。主要症状表现为喜好奖品胜过考试或学习,喜欢向父母提要求、提条件,当父母拒绝后,立即失去学习兴趣。

有很多家长问我:"刘老师,我家孩子没有学习兴趣怎么办?"我只能说,孩子饮料喝多了,就不爱喝白开水了。本来对学习有兴趣的孩子,在得到奖品后,也会发生"兴趣转移"。可以说,是父母在教育方法上出现了失误,怪不得孩子。

有一次,我从一个小学门口经过,看到一个父亲正在呵斥刚放学的孩子:"你这小兔崽子给谁学呢?你给我学呢,是不是?……"言语间不时有脏话流出。听完父亲的这段责备,我是先笑后悲。使用错误的教育方法,最严重的后果不是孩子没有得双百,而是他们从心底里不知道为谁而学习,学习有什么价值。

记得有一次我给某校的全体教师做培训,各个学科的任课教师都在场。我问他们的第一个问题就是:"大家有谁在上第一节课时,首先讲解这门学科的用途,这门学科对学生的未来生活到底有什么影响?"现场鸦雀无声。我接着说:"真正吸引孩子的,是他自己的未来,你要谈谈本学科对他的未来有什么作用,他一定会竖起耳朵认真听。语文培养了一个人的文化修养,学好语文的孩子可以成为一个有艺术气质的人;数学培养了一个人的理性思维,学好数学的人可以成为一个头脑聪明的人;英语培养了一个人的另一门口才,学好它的人可以结识外国朋友,走遍世界各地。这样介绍学科,会让孩子产生一种对学习的美好憧憬。我将这称之为'愿景疗法'。在介绍学科的过程中,还要介绍一些在本学科中耳熟能详的科学巨人,让孩子在心中树立起真正的偶像。"在场的教师们也都感觉我这一番话很有道理。每一个儿童都应该有自己的梦想,而学习就是他们实现梦想的天梯。

其实,"奖品依赖症"还会影响到亲子关系。孩子得不到奖品,就会开始怀疑父母与自己的关系。他开始琢磨:父母是不是不想送给我礼物,所以故意为难我呢?如果我想要一个新的玩具,他们会不会有更高的要求呢?难道他们不爱我吗?……

罗杰斯提出了他的教育观点——"无条件的爱"。在他看来,父母对于子女的爱是无条件的,这样有助于儿童形成健全的人格,培养较强的安全感。我觉得罗杰斯真是太有才了!他提出了爱的本质——无条件。如果拿任何东西都可以换取爱,那这份爱就不是真爱了。人活在世上,首先爱的是自己,爱自己的生命,爱自己的身体,爱自己的名誉。有了孩子之后,往往把孩子视为自己的一部分,爱孩子的本质也是在爱自己。爱自己本身是没有错的,错的是我们爱的方法。哪个家长不希望孩子考试得双百?哪个家长不希望孩子有出息?问题是靠悬赏的方法让孩子成才是行不通的,我们要换一种方式。

传统的家庭模式或称亲子模式分为三种:集权式(家长制)、自由式和民主式。集权式就是一言堂,家长说了算,很显然不利于儿童成长;自由式就是各抒己见,缺乏管理,不利于儿童纪律感与道德感的养成;民主式被大家公认为最佳的亲子模式,儿童在家庭中得到了尊重,获得了发言权,并形成了较高的家庭认同感。我也觉得这是一种文明的象征,然而,民主是为了集体而存在的,所以民主的结果是目标的统一,即家庭的发展目标。儿童在考虑家庭发展的同时,也应该考虑自身的成长(家长也一样)。这就需要亲子双方拥有各自独立的发展目标和独立的发展空间。我将这种模式称之为"互助式"亲子关系模式。

在亲子教育过程中,要善于引导孩子设计自己的目标,规划自己的未来。这里给大家举一个典型案例。有一部热播连续剧叫《笑着活下去》,其中饰演男主角童年时期的小演员郑伟是我的学生。小时候聪明伶俐的他从二年级直接跳级读四年级。虽然经常请假去拍戏,但他的成绩仍保持在中上水平。郑伟年纪小,个子也小,总是被安排在第一排的位置。每次我提问的时候,他就马上离开座位,冲大家做鬼脸,逗得大家满堂大笑。我没有批评他,因为我知道这是他的表演天赋。想到对班里其他学生的影响,我决定找他谈谈。那天,班里就剩下我们俩人。我表情平和,他显得严肃紧张,我微微一笑,他立刻就放松下来。我说:"这次不是要批评你,而是要谈谈你的梦想。"他听了,兴奋地告诉我他想成为一名大明星。我对他的想法表示了肯定,并让他画了一个"梦想实现树权图"。有了明确的目标,就要看如何能实现:他在大明星下面画了三个分叉——一个是演技,一个是文化知识,一个是兴趣爱好。我感到非常欣慰与惊讶。他才8岁,能把问题看到这个深度真是了不起。我大加赞赏,他也美得手舞足蹈。我趁热打铁,追问如何能够达到那个小目标,他又在下面画上了"树杈",我知道8岁的他已经开始学会人生规划了。

后来,郑伟在课上表现得一丝不苟,我问他为什么这么认真,他说:"这样做离大明星又近了一步。"我没有奖励他,却用一种他喜欢而又需要的方式帮助了他——在心理上指导他实现梦想。

帮助分为物质、智力、心理及体力四种。我对他的帮助属于心理上的帮助,物质帮助不必解释,智力帮助包括经验、技术、教训等内容的传授。我积极训练他们自己制订目标,并乐于引导与帮助他们。

同样,要建设一种亲子互助式关系,这四种帮助缺一不可。切记,协助不是为了产生依赖,而是让他们能够尽早独立,拥有自己的思想。家长这种"以退为进"的智慧,既降低了教育成本,也锻炼了孩子的责任感与能力。对儿童最有效的帮助一般有鼓励、理解、建议三种。

鼓励是比较低层次的心理帮助,也是最容易产生效果的一种帮助。当孩子答不对一道题的时候,你只要给他一个信任的眼神和一句简单的加油,他就会重整旗鼓,你的信任而不是奖励会让他重新燃起斗志。当你工作失意时,如果小孩子能够鼓励你:"妈妈加油!"你是否会破涕而笑,觉得眼前这个小屁孩也拥有巨大的力量?有一个故事,说一个老农赶马车,车轱辘陷入大泥坑里,他费了半天劲也没弄出来。心理咨询师恰好经过,说道:"我呀!在后面帮你推,你去前面用力吧!"老农感激不已,又重新坐回了驾驶座上。只听心理咨询师大喊:"我们一起使劲啊!

这个小坑难不倒我们的！听口令一、二、三……"车子居然驶出了泥坑，老农急忙下车，连声道谢，还夸咨询师力气大！咨询师微微一笑，说道："我一点儿力气都没用，就是鼓励了你一下。"其实，鼓励是心理咨询的一项技术，因为它确实可以给人带来信心，让人更好地完成目标。

理解是一种高级的心理活动，它对一个人的帮助是巨大的。孩子被理解是幸福的，家长被理解却是困难的。由于年代与年龄的巨大差异，亲子之间很难做到互相理解。没关系，我们可以先从了解起步。了解是沟通得来的，我们就通过沟通去认识你的孩子，也让你的孩子更多地认识你吧！从认识姓名、生日、喜好、职业、愿望甚至谈到梦想。让儿童充当小记者，在了解的过程中，逐渐进入到"需要"这个领域。

给大家讲一个故事：我在芳草地小学教书的时候，有一次给一年级小学生上阅读课。提完要求后，我就让他们坐在阅览室的凳子上看书。我一会儿判判卷子，一会儿望望蓝天，一会儿站起来转一转，看看他们是否读得认真、仔细。忽然，有一个不知名的小男孩腾地一下站了起来，吓了我一跳。我眉头一皱，批评道："你怎么那么不踏实啊！"小男孩不紧不慢地说："我屁股坐疼了。"在其他孩子的嬉笑声中，我意识到是我犯了错误。我可以走来走去，可这年幼的孩子却是一坐40分钟，肉肉的小屁股能不疼吗？从那一刻，我觉得作为老师，作为成人，应该多去理解孩子，也许我们关心的地方并不准确。

理解和人的需要是密不可分的，不了解他人的需要，就不能说理解他人。理解比鼓励要高一个层次，它是对需要的合理化解释。人们总是想不通自己的需要为什么不能满足，甚至不能得到社会与他人的认同，这个时候他最需要别人的理解。对孩子的理解是需要学习的，建议家长看一些儿童心理学相关的书籍，它会为你提供孩子的心理、行为等方面的依据。

建议是最大的心理帮助，了解一个人的需要，理解他实现自己目标的障碍，并针对障碍进行方法上的支持，叫作建议。家长的谩骂、责备、鼓励、理解都不是真正意义上的建议。对于儿童的建议就是为他们提供实现梦想的可操作方法，这才是关心或爱一个人最深的表现。

如果真的爱孩子，就要协助他实现梦想。这也就是所谓的孩子独立"靠"父母。

中国家长为什么不让孩子做家务

"你不用扫地，你去干你该干的事情！""你要是这次考不好，我就罚你做一个礼拜的家务！""我一天到晚干家务，你就这点分儿，你对得起我吗？"我在准备写这篇文章之前，脑子里播放出了这样一组组画面——我想，是时候给家务劳动平反了。

"劳动"，这是一个最能够让人们浮想联翩的词汇，你总会带着复杂的情感去看待这个词。我们渐渐发现，除了"五一"劳动节的时候我们会用到这个词，在日常生活中已经很少再提及这个曾经处于中国人思想核心的词汇。劳动是如此的抽象，又是如此的中性，以至于可以让我们忘记它的存在。在中国人，尤其是很多中国家长的眼中，知识可以改变命运，却从来都没有人说劳动可以改变命运。有趣的是，成功人士在介绍自己的成功经验时，也往往会强调知识和理念，却没有大谈特谈他在背后付出的艰辛劳动……知识总是给人一种高大上的感觉，劳动却让人觉得不足挂齿。

我们为什么不幸福？这个问题我想了很多年，在与很多朋友进行深度访谈之后，我得出了一个结论——我们不幸福，是因为我们不欣赏自己的劳动。我毕业后曾到一所公立学校工作，而后由于"世界很大，想出去走走"，便来到一家出版社做少儿出版。到了出版社，很多同事们就对我的选择表示不解，"学校多好啊？怎么选择来这儿了呢？你看，学校有寒暑假，也不用出差！"听到这些话，我有些发懵，但我仍然在出版社坚持做了3年，后来由于明确了自己的亲子教育工作方向，便辞职再一次来到一所中学任职。到了那里，新同事又来到我的身边，对我的选择表示好奇，"出版社多好啊？听着就觉得高大上！能认识很多作家吧？你来这儿干什么啊？"听了这些话，我恍然大悟，原来人们都不满意自己现在所从事的工作，都对自己未曾接触且不了解的工作表示向往和欣赏。于是,为了让大家心态平和,我跟大家分享了在出版社工作的各种苦楚,大家都忍俊不禁。

我还做了一个非常有意思的统计,不少自身职业为教师的家长,他们的孩子往往有四个通病:懒惰、邋遢、磨蹭、盲目,这可能与教师的劳动性质有关——习惯了说教与指挥,导致孩子缺乏自主判断与挫折体验。这还不是我最震惊的发现,最震惊的发现是在谈到自己孩子的择业时,大多数的教师不同意自己的孩子继续做教师,他们是有多么不认同自己的职业呢!我在采访不同行业,包括银行、媒体记者、公务员、程序员等不同的人员时,也得到了类似的结果。所以,你又会理解一个答案。中国的家长把希望寄托在自己的孩子身上,希望他们不要再成为像自己一样的劳动者——虽然,他们也不知道孩子应该成为什么样的劳动者。他们只知道努力学习才能改变命运,考全班第一就比考全班第五更有希望。在他们拼命要求自己孩子的同时,也意味着他们不再树立自己的梦想,他们已经放弃了对于自己的改变。他们把对自身现状不满的内心压力转移到孩子身上,孩子的成绩成为他们的焦点与赌注。更有荒唐的人,把"万般皆下品,唯有读书高"之语挂在嘴边,让孩子放弃一切兴趣爱好,一门心思扑在功课、考试上。家务劳动成了耽误学习、浪费时间的事情,家长们以此说法,逼迫孩子刻苦读书。

分数能不能改变人的命运,我们不做深谈。但是我们从高考改革趋势能够看出未来人才需求的端倪——社会需要的是具有综合素养的人才，这个素养便包括你的劳动意识与劳动能力。从这一点讲，家务劳动乃是培养孩子这方面素养的最好的亲子互动形式。

曾经有一篇文章在朋友圈被疯狂转发，它以图画的形式告诉大家，在孩子1~6岁时，中外家长对他们的每一年的要求都有所不同。大概是这样的：孩子1岁的时候中国家长要求他们背数字，外国家长要求他们捡一些简单的家庭垃圾；孩子2岁的时候中国家长要求他们背唐诗，外国家长要求他们收拾餐具……以此类推，你会发现外国的家长非常看重家务劳动，而中国的家长非常看重"精神劳动"。在我看来，家务劳动至少有以下好处：

1. 家务劳动增进了亲子情感。任何的亲子互动都可以增进亲子情感，家务劳动也不例外！父母为孩子分配简单的工作，是对孩子极大的信任！他们非常情愿与家长一起完成各种"有趣的"任务。

2. 家务劳动产生家庭责任感。怎么能产生家庭责任感？只有参与家庭生活，成为家庭的共建者，才能有价值感与责任感。责任感不一定体现在做出什么惊天地、泣鬼神的大事，只要心中有家庭、能够从家庭的角度考虑问题，便是具备了家庭的责任感。

3. 家务劳动激发了合作与团结意识。在家务劳动面前，人人平等。孩子与家长有一个共同的目标，那便是让这个家庭变得干净、有序、美丽。这个目标只靠一个人是完成不了的，它需要每一个家庭成员共同配合来完成，这也就训练了孩子的团队协作能力。

4. 家务劳动培养了良好的行为习惯。家务劳动告诉了孩子，什么事情可以做，什么事情不可以做，什么事情可以坚持去做。"好的行为多了，坏的毛病便减少了"，心理咨询也常常用这样的思路与方法来处理孩子的一些问题行为。

5. 家务劳动推动了孩子的社会化。家庭是孩子的社会化场所，它通过什么让孩子接受社会规范与文化呢？粗暴的说教，不利于孩子接受社会文化；共同的社会劳动却让孩子很容易明白社会规范与人之常情。参与家务劳动，必将影响孩子的一生——"爱劳动的人总是最招人喜欢！"

我的女儿不到1岁时，便喜欢坐在学步车里拿着扫帚"扫着玩"；2岁的时候她便与妈妈一起在厕所"洗衣服"；3岁的她已经成了一个真正的劳动者，她愿意和外婆一起择豆角、自己收拾碗筷、扔垃圾……她并没有觉得劳动是一件麻烦的事情，反而是乐在其中！反而是我，有时候会自私地想，她如此"贤惠"，将来会不会太累？

06
高情商沟通教练式案例分享

用你拥有的，追求你没有的——全景教育观

"妈妈，我要泰迪熊！""爸爸，给我买个芭比吧，小林有仨呢！""奶奶，我要去游乐园！""爷爷，求你了，我想吃麦当劳……"随着孩子说话越来越流利之后，你经常可以听到他向你倾诉丰富多彩的追求。你也从最初的开怀大笑，转为微笑，而又面无表情，最后竟然变得嗔怒了。不知道是不是孩子追求的东西的价格越来越高，还是你慨叹子女何时才能独立，反正，你开始讨厌这种反复的单方面的给予，哪怕他是你的孩子。

我们经常听到有些父母进行这样的抱怨，"这兴趣班多少钱你知道吗？""非要买个轮滑鞋，滑了两三天就放那了！""他自己说要学钢琴，现在连碰都不碰了！"面对孩子们的很多要求，我们采取的回应可能多半是笑纳，而过后当我们想象中的效果没有出现，我们便变本加厉地责备孩子。事实上，钱是我们花的，主宰权在你手里，这种推卸会给孩子一种非常不负责任的感觉。当然，这也是不符合我之前和大家讲的"理性教育"的原则。消费

的理性是对孩子非常好的教育，它可以培养孩子的智商、情商，甚至财商。我们今天就来重点讲讲类似于训练财商的教育方法，只不过，我要讲的内容绝不仅限于钱。

不管他要吃，要穿，要游戏，要旅游，要飞机，要火箭，要月亮，你都不要给出明确的答案，如"给你买这本书！"或"我买不了这本书！"，而是微微一笑，故作认真地说："宝宝，你说我们怎么才能拥有这本书呢？"从消费方面训练孩子的理性思考能力是再好不过了，因为目标是他自己亲口提出的，目标对他具有足够强的吸引力，他很愿意为这件事而思考。顺便说一句，有些家长认为学习只能在学校完成，知识、能力只能通过书本获得，这是比较偏激的想法。日常生活中的教育，远远好于严肃的传统教育。当儿童有自己的追求时，首先会想自己能不能得到，答案是否定的。在社会化的影响下，他明白东西不能抢，不能偷，而是要靠钱来换取。他开始想钱！钱在哪里？父母有钱，而且最容易说话，他就开始以哀求的方式来实现自己的梦想，用眼泪换钞票。在和你进行对话之前，他的思维始终是发展的、进步的、努力运转的——但不幸的是，你一个满口答应破坏了他来之不易的思考成果。原来，我不用想那么多的条件，父母就是我实现目标的捷径！心理学有一个专有名词叫"动力定型"，也就是说，人的行为本身是没有规律可循的，但如果设置了特定的满足人的心理需求的结果，他就会按照这种行为方式或生活方式进行下去。我们经常说有些大人感觉跟小孩子似的，其实就是因为他沿袭了童年时期的动力定型,所以直到现在还一味地向父母、妻子、丈夫甚至子女要东西,这种"有求必应"的方式早就成为他的一种情结,深深地烙印在他的大脑里。心理学上还有个著名的夫妻角色,说的是夫妻双方分别有家长、成人、儿童三型。如家长型的丈夫配儿童型的妻子非常适合,而儿童型的丈夫配儿童型的妻子就会导致严重的家庭矛盾。请父母们一定高瞻远瞩,不要为了一时的省事,耽误了孩子未来的幸福。

老子说:"故欲取之,必先予之。"孔子说:"己欲立则立人,己欲达则达人。"而我要说:"用你拥有的追求你没有的!"我们如果把孩子当孩子,那他永远都是孩子,越是在他小的时候,越应该用类似成人的态度来对待他,成人的态度不是指凶残与严肃,而是指商谈与理性。

我想倡导一种全景式的教育观。全景的意思是让孩子或者受教育者全方面地了解自己所拥有的资源,并学会使用这些资源让自身得到发展。这种全景检索比起知识的获得,更要精贵。因为我始终相信了解自己才能改变自己。我们来看看全景具体包括什么。

1. 身体。孩子了解自己的身体吗?他知道全身有多少根骨头为他免费打工,有多少斤水占了他的体重吗?五脏六腑每天没日没夜地在做着什么呢?而你为自己的身体做了什么?似乎你不做什么,它也为你贡献,这本身就不合理。不仅是我们的孩子,我们每个人都要了解自己的身体,爱惜各位身体上的"打工族"。你在这污染严重的城市，抽着一手二手的香烟，你从没有为你的肺着想过，更别说为它做贡献了！那么他对你的保障自然也就下降了。

2. 知识。犹太人说，人类一思考，上帝就发笑。但我却认为，上帝的笑不是嘲笑的笑，而是会心的笑。思考者是进取的人，他们可以创造出更多，幸福自己，也会幸福别人，进而荣耀上帝。我们在运用知识之前，首先要梳理一下我们知道的知识。当我们了解了自己的强项之后，再使用知识的时候就不会手忙脚乱了。

3. 关系。人有两个脑子——内脑和外脑。内脑是自己的知识，外脑是自己的关系。在社会群体中生存，我们显然不可以秉承一意孤行的性格，而要学会与群体相处、合作，借助群体的力量，实现自己的梦想。当孩子想要一本书的时候，他自己靠身体、知识都无法获得，于是他通过第三个系统——关系系统来获得。他企图通过关系，从父母那里获得这本书。这说明他已经具备设计目标、明确目的、量力而行三个能力，只是他还缺乏处理关系的能力，这需要父母对其进行有效的指导。4～6岁是亲子关系教育的最佳年龄，我们通过绘本、通过体育活动、通过一切可以亲子共同操作的事情，让孩子明白一个简单的道理，用你拥有的追求你没有的。

联想到现在流行的"啃老"话题，我觉得合理而科学的"啃老"是值得提倡的。我们总希望孩子能超过我们，可孩子的能力不够，那就必须要踩着我们的肩膀前进。当然，踩着我们的肩膀可以，请先帮我揉揉肩膀，这就是你踩着我肩膀的条件。当孩子明白想踩别人的肩膀之前，都要先主动给人揉揉肩膀时，他就获得了人际关系的能力。

年少时总觉得仅靠自己的知识就可以勇闯天下，成就功名。其实不然，真正成功的人一定是充分运用自己的身体、知识和关系，让这三者能有效达到最佳匹配的人。如果我们还没有做到，就让我们的孩子去做到吧！

4招让孩子主动和人打招呼

我们经常会遇到这样的情况：妈妈带着孩子出门，在小区里遇到了一位不经常见面的邻居，妈妈表现出了极大的热情，把两三岁的孩子推到对方面前，鼓动孩子打招呼。孩子尚未开口，邻居开始说"都这么大了！"，孩子还没反应过来或表现有些腼腆，邻居马上接话以避免尴尬："你们家孩子真乖啊！"妈妈礼貌性地笑着点头道别，转身之后便严肃认真地看着自己的宝宝，说道："你怎么不知道叫人啊！不是都教你了吗？"……你躺枪了没有？

我经常接到这样的咨询，问我怎么能让孩子热情、主动、礼貌、清楚地和他人打招呼。我听到这样的询问，觉得有些可笑又可气：你要求一个小孩子做到，你自己做得到吗？试想一下，一个小孩面对一个未曾谋面的人，要表现出热情、主动与礼貌，还要清楚地和对方打招呼，这是一件多么困难的事情！家长的强迫、训导映射出我们希望利用孩子来反映我们家教的成功，而你的这个行为恰恰表现出你根本不懂家教。一、小孩子对于角色的理解尚浅，他还不能正确理解与区分"此爷爷"与"彼爷爷"。二、我们将孩子强行推到陌生人面前，会造成孩子的社交焦虑，加重他的社交恐惧，不利于人际交往。三、错误的教育时机。当众批评与指责是最不恰当的教育方式，会伤害孩子的自尊心。四、不考虑儿童气质类型。内向的儿童在社交方面发展较为缓慢，强迫孩子去做他们不"擅长"的事情，对孩子身心发展也不利。

在女儿小的时候，我也有过同样的经历。我也非常希望女儿可以遇到叔叔、阿姨、爷爷、奶奶都能热情、主动、礼貌、清楚地打招呼。但是当我看到女儿害羞、为难的神色时，立马认识到了我正在犯着一个非常严重的错误。经过深刻反思，我针对女儿的"打招呼"问题进行了研究，现将研究成果分享如下：

其一，简化打招呼要求。

每次我想到"热情、主动、礼貌、清楚"的打招呼场景都会不寒而栗。在孩子刚开始学会说话、刚开始接触外面的世界时，怎么能一下分清自己的爷爷与别人的爷爷，自己的姥姥和全楼人的姥姥呢？所以，我要求女儿，在一开始的时候，一律用"您好"来打招呼。这个时候，要的不是华丽的用语，而是礼貌的意识。

其二，示范在先，从语言示范到姿态示范。

把没有社会经验的孩子推到陌生人的面前，这是一种非常不负责的教育表现。家长在陌生人面前示范，对于孩子才是最好的教育。你有没有上前一步，主动、热情报以微笑，真诚地向他人问好，其实都被小小的孩子看在了眼里、记在了心上。

其三，多带孩子参观访问。

与人打招呼、交流实际上是一种社会环境适应性的客观反映。当一个孩子去过了很多陌生的环境与地方，也就提升了他对于环境的适应性。多去拜访不同的人，他对于陌生人的恐惧也就会脱敏。

其四，在亲子互动中增强社交能力。

这一点其实最重要，因为在家庭教育中，家长成为孩子了解社会经验、学会社会交往的第一任老师。我最擅长的是亲子游戏，在这里介绍两种非常有效的游戏。一、玩具角色扮演。孩子和家长拿起不同的玩具，进行社交场合的情景扮演。通过这种间接的方式，孩子在学习过程中的压力会比较小，学习效果却会加倍。二、向杨树问好。有一次，在送女儿去幼儿园的时候，我想起要跟人打招呼这件事情，于是便让女儿一起来玩这个游戏。我先轻轻拍了拍身边的一棵杨树，说道："杨树，早上好！"女儿觉得很好玩，学着我的样子，也轻轻拍了拍那棵杨树，说道："杨树，早上好！"在走进幼儿园大门之前，我与女儿一起向大树、小花、天空、喜鹊、井盖打了招呼……女儿那天虽然迟到了，但却是她第一次和保安叔叔打招呼，值得纪念！

当我们站在孩子的角度去看世界时，你会发现他们有多么希望自己像每一位巨人一样高大与强大，又多么希望每一位巨人可以给他们多一点时间与帮助啊！

5招向孩子传递社会经验

"3岁了！孩子上幼儿园了！"耳边总能听到这样一句感叹！遥想当年，十月怀胎的漫长、坐月子的辛苦、断奶的不易、清洗尿布的麻烦、晚上把尿的无奈、吃饭不专心的烦躁、中午不睡觉的困惑……这一切的一切，就像过眼烟云。家长们似乎忘却了之前的种种困难，只看到了幼儿园的大门……

"可算松口气了！"说出这句话的家长表明了两种心理状态：一、把孩子交给一个称心的幼儿园与尽职的老师，我是百分之百信任的！二、我的育儿工作正式交接，我终于迎来了期盼已久的自由。第一种心态值得大家学习，只有对幼儿园教师充分信任，幼儿园老师与孩子的相处才能更加顺利自然。千慧的幼儿园老师提醒家长送孩子时一定要一位家长送，与教师交代清楚，与孩子告别之后就要迅速离开。这条要求其实是非常合理的，每一次我都会严格遵守。可确实有些家长会扒着窗户看看孩子，生怕孩子在里面不适应、受委屈，这样一来很容易破坏教师组织的秩序，造成不必要的麻烦。

早上 7 点半送孩子，晚上 5 点半接孩子，孩子大部分时间都是与教师和同学们一起度过。孩子逐渐适应集体生活，并开始扩大自己的交往范围。很多家长觉得孩子可以自己去适应周围的环境，家长不必过多干涉与指引。事实上，3~6 岁的孩子处在人生的第二依赖期（第一依赖期是 0~2 岁，孩子处于生理与心理的绝对依赖状态），儿童有着迫切地愿望去拥抱外界的环境，去认识各种各样的人，然而他们缺乏的却是社会交往的方法与经验。有很多案例表明，3~6 岁的孩子处在人格形成的关键时期，弗洛伊德所谓的早年，其实应该对应的是 3~6 岁，而不是 0~6 岁。在 3 岁之前，儿童的认知水平较低，同时受到了父母的贴身保护，所以不容易受到外界的伤害。3 岁之后，儿童逐渐形成自我，在与外界进行互动的过程中，外界的挫折事件、评价或伤害，都可能会对孩子产生巨大影响。比如害怕某物，讨厌某种颜色，鄙视自己的某个部位等行为大部分来源于这个时期，并会在青春期发酵，甚至伴随孩子的一生。西格蒙德·弗洛伊德的女儿，即安娜·弗洛伊德对于父亲的泛性论不敢苟同，提出了"关系说"，她认为早期的亲子关系与群体关系其实才是决定未来人生幸福与成功的关键。从这个角度看，3~6 岁的孩子的家长丝毫不能放松，而是更应该打起精神，在孩子 6 岁之前继续给予他们高质量的陪伴，而此时高质量的陪伴着实应该以提升孩子的社会交往能力与社会经验为中心。

其一，询问孩子的幼儿园生活，解释一些规则。

与孩子交流幼儿园的生活，是拉近亲子关系的一个小捷径。"幼儿园给大家提了什么要求呢？""吃饭的时候需要注意什么？""看书的时候有什么要求？"幼儿园教师会提出幼儿园的规则，这时候我们对待教师规则的态度十分关键！我给出的建议是坚决执行教师提出的要求！家长需要做的不是给孩子开绿灯，而是帮助孩子达成幼儿园提出的要求。一般来说，我们在家中也可以按照同样的方式去要求孩子，从而强化他的意识，帮助他养成良好的习惯。遵守幼儿园的要求，便是孩子接受家庭以外社会化的第一步，对于其适应未来环境意义深远。

其二，了解孩子的朋友，鼓励孩子广泛交友。

无论孩子上幼儿园、小学还是中学，我所关注的第一件大事一定是他的朋友，而不是学业或其他。学会交朋友，其实应该是幼儿园上的第一课。孩子在朋友中了解自己，学会分享谦让之道，在遇到困难的时候学会倾诉与寻求帮助。朋友的存在，成为孩子更愿意去幼儿园的理由。正因为有了自己的朋友，幼儿园才真正成为孩子的乐园。应该和什么样的孩子接触呢？我经常听到很多家长表示"要跟懂事的孩子交朋友！""爱闹的孩子别理他！"不要给孩子的朋友设置限制，社交能力的养成无非是可以与各种类型的人打交道。不同年龄、不同性别、不同脾气、不同爱好……让孩子在这个阶段接触不同的孩子，广泛交友，他便可以更好地培养自己的判断力与情商。

其三，高质量的亲子互动，让孩子充满话题与兴趣。

我在之前出版的著作中，提到了很多亲子互动的类型，包括亲子沟通、亲子游戏、亲子阅读、亲子运动。在孩子3~6岁的时候，我们可以与孩子参与一些更加复杂的亲子活动，一方面开阔孩子的视野，另一方面也增强孩子的社会经验，比如一起旅行、一起看电影、一起欣赏音乐会、一起冒险等。亲子互动为孩子们提供了交流的话题，也有利于他们更好地参与集体生活。

其四，分享亲身经历的故事，成为孩子的榜样。

我们一直倡导亲子阅读，书中的故事自然可以给孩子很多的启迪，但是书中的故事永远也比不了我们亲身经历的故事，因为比起故事中的主人公，孩子更关心的还是父母。跟孩子述说什么样的故事呢？有这样三类：第一类是你在工作或生活中遇到的困难，然后你如何通过自己的不懈努力与顽强毅力，最终战胜了这个困难！第二类是你在孩子同龄时期遇到的问题，你是怎么面对的，又是怎么处理的，并询问孩子会怎么做。第三类，你遇到的新鲜事、你的伟大发现，甚至你的小发明，你的创造性的举动。你为孩子开启了一扇智慧的大门，孩子也会学着用你的视角去看这个世界，学会创造性地解决问题。

其五，通过玩具创设场景，模拟人际交往。

通过玩具扮演，让孩子掌握人际交往的技巧与方法。怎么去问好？怎么去道别？怎么去表达感谢？怎么去表达歉意？怎么邀请朋友一起玩？我们空口去说，孩子会很难理解，如果当着外人的面教育又会给孩子过多的压力，所以最好的方法，便是私下进行一次又一次的"彩排"。一些类似安全问题等复杂的交往情况，也可以通过场景模拟来实现，以提升孩子的自我保护意识与安全观念。授人以鱼不如授人以渔，这个"渔"，便是社会经验的传递。

如何让孩子远离嫉妒心理

妈妈们是否曾发现，当你搂抱别的宝宝时，当你夸赞其他的小朋友时，孩子会有不高兴的情绪，甚至会朝你发脾气？那是因为，孩子嫉妒了。嫉妒是一种非常常见的心理活动，虽然我们没有必要将它看得像洪水猛兽那般恐怖，但也需要进行恰当地引导，使孩子的情绪得到纾解。

那么，嫉妒是怎么产生的呢？

其一，攀比，孩子嫉妒比自己"好"的人。

妈妈经常拿隔壁家的小哥哥作为明明的"参照"，比如"你看小哥哥什么都吃，你怎么这么挑食""小哥哥多爱学习，你怎么就静不下心来看本书"。原本妈妈是希望小哥哥能成为明明效仿的对象，促使他"进步"，但每次在路上看到小哥哥，明明都要上去打他。

在养育孩子的过程中，有时为了能让孩子朝着自己所期望方向发展，有时为了让孩子能够配合自己当下的行为，父母会不自觉地将孩子与他人进行比较，比如："你看，隔壁家的哥哥早就会自己穿衣服了，你怎么还不会。""你再不好好吃饭，就拿给隔壁家的小弟弟吃了，他比你乖多了。"这样的比较，会让孩子变得越来越不自信，也越来越嫉妒和讨厌总被拿来与自己做比较的对象。

其二，"我"不擅长，但也不欣赏你的"擅长"。

在小朋友的聚会上，很多小伙伴都为大家表演了节目。妈妈对林林说："看，大家表演得多好，你也上去唱个歌吧！"但林林是个内向、不善于表现的孩子，他抿着嘴不吭声，当别的小朋友唱歌时，他甚至捂住了自己的耳朵。

不要强迫孩子在众人面前表现自己，因为他很可能没有做好心理准备，或者他本身并不是一个善于表现的孩子。

另外，每个人都有被称赞、被肯定的需求，当发现自己做不到的某些方面，别人却能做得很好，并且还因此得到大家的称赞与表扬时，有些孩子就会出现嫉妒的心理。

其三，感觉自己被忽略了，嫉妒客人"抢走"了妈妈的注意力。

3岁的婉婉安静地在客厅里和妈妈一起搭积木，忽然家里来了客人，妈妈起身招呼客人，婉婉见状，就开始"捣蛋"，一会儿故意推翻凳子，一会儿在沙发上蹦跶，一会儿又来拉妈妈的手，让妈妈"别再和别人讲话了"。

两三岁的孩子还处在以自我为中心的世界里，无论是对于玩具之类的物品，还是对于周围长辈的关爱，总是想独占，总是希望自己一直处于被关注的焦点。当发现"竞争者"出现时，他就会产生排斥、愤怒的情绪。

注意日常点滴，将嫉妒化解。嫉妒几乎是一种与生俱来的负面情绪，当孩子觉得自己的爱、物品或是受关注度等一些"权益"出现竞争的"危机"时，他就会对与自己竞争的一方产生排斥，甚至是敌对的情绪。幼小的孩子，由于缺乏生活经验和情绪应对能力，当产生嫉妒的心理时，常常会有焦虑、紧张、敌视，甚至攻击性行为。这不仅会妨碍孩子身心的健康发展，也不利于他们社会交往能力的提升。所以，家长要注意自己平时的教养方式，巧妙地化解嫉妒，让孩子的情绪得到更好的发展。

其一，避免攀比类话题，学会欣赏自己和他人的优点。

无论有无小朋友在场，都要尽量避免攀比类的话题，如"你们谁会背唐诗了？""大家比比看，谁的衣服最漂亮？"这些貌似启发的问题，实际上为嫉妒埋下了种子。其实，我们更应该看到每个人身上的长处，如"XX，歌唱得很好；XX，拼图很在行，大家都很棒。"这样也是在引导孩子多去关注自身和他人的优点，学会欣赏，而非一再地在"自己的短处和他人的长处的比较中懊恼"。

其二，用鼓励、赞赏的心态看待孩子，增强孩子的能力感。

自信、乐观的孩子会更平和地看待他人的成功，并且相信通过努力自己也会获得成功。平时多用鼓励、赞赏的心态看待孩子，培养孩子的自信心。当然鼓励和赞赏要适当、具体，不要夸大其词，要赞赏他具体做的事，比如"宝宝今天自己会穿鞋了，有进步哦！"增强孩子的能力感和自信心。能力感强的孩子，在面对比自己更"优秀"的伙伴时，心态会更平和，会更加乐于接受并相信自己通过努力也能达到同样的水平。

其三，帮助孩子克服不足，将嫉妒转化为动力。

嫉妒虽有消极的一面，但也有积极的一面。"嫉妒"有时是因为未占有或未拥有，有时是因为自己某方面不足。比如先前案例中提到的"听到某位小朋友唱歌，就捂住自己耳朵"的小朋友，就是因为嫉妒别人的善于表现而对他产生排斥心理。这时，家长不如从另一个角度来引导："小姐姐歌唱得不错，不过你唐诗也念得很好啊。如果你不愿意表演，我们就坐着看别的小朋友表演，但不能捂耳朵，这样做是不尊重别人的行为。但如果你愿意表演的话，妈妈会陪你一起上去给大家念首唐诗。"通过引导，让孩子看到自己的长处，增强自信，并学会尊重别人的长处；同时通过鼓励的方式，让孩子克服"羞于表现"的心理。

其四，避免过度关注和无限满足孩子的物质需求。

在"6+1"的家庭模式中，孩子往往是全家人关注的中心，备受呵护，他想要的东西也常常能马上获得。在这样的环境中成长起来的孩子，被关注和被满足的需求会特别强烈。一旦发现周围人的关注点不在自己身上或发现别人拥有自己没有的东西时，他就容易产生嫉妒心理。

所以，我建议家长不要对孩子过度关注和呵护，让孩子自己做力所能及的事。当孩子对某些物质有需求时，不要一味地满足，可以问孩子几个"为什么"，如"你为什么想要这个""你要这个拿来做什么"，必要时可以使用"延迟满足"法，即当孩子满足一定条件时，才能获得，以免孩子产生"别人有的，我就该有""我想要的就该得到"等心理。

此外，父母要以身作则，培养豁达个性。都说父母是孩子的第一任教师，在朝夕相处的过程中，父母的一言一行都会对孩子的性格和心理发展产生重要的影响。所以，如果你希望孩子成为宽容、自信、乐观、不计较的人，那么你就要以身作则，在平时的言行中不要表露出对他人的嫉妒、不满等情绪，多用欣赏的口吻谈论周围的人。相信你的孩子也会在潜移默化中形成豁达的个性，减少嫉妒的情绪。

和4岁女儿谈缘分

女儿很快就适应幼儿园环境，一直是我特别引以为豪的事情。她入园那段时间，并没有表现出对于新环境的抗拒和恐惧，甚至也没有出现像其他孩子那样哭天抹泪，难舍难分的情景。只记得半年前有过一次，她在我的车里闷闷不乐，沟通之后，我才了解是幼儿园男孩的"鲁莽"吓到了她。我表示很理解，因为她之前"见"过的男孩太少了。当我将性别特征客观地分析给她时,她也能很快地擦去眼角的"金豆子"。

前两天,一觉醒来,千慧没有唱响"爸爸妈妈去上班,我上幼儿园……",也没有大声喊"爸爸妈妈早上好!"我觉察到了有些不对,但我没有快速问询,而是远远地观察她。她撅着小嘴,穿衣服也不那么主动、兴奋,果然,她终于还是憋不住了,向妈妈哭诉开来。"我不想上幼儿园了!我不想上幼儿园了!"作为教育学出身的妻子,很懂得拿捏亲子沟通,她没有立即责备或置之不理,而是耐心地做情绪安抚,并询问缘由。

原来,班里有一个非常有个性的女孩,叫 M。M 很漂亮,也很自信,只是过于活跃,有时还会有"打人"的表现。千慧不喜欢 M,M 也不喜欢千慧,真是"仇人相见,分外眼红"。善良又敏感的千慧觉得不能忍受和这样一个 M 同处一室,她感到无法面对这个事实。妻子对千慧进行了情绪疏导,千慧止住了眼泪。过了一会,她又回想起了这道"坎儿",还是嚷着"我不想上幼儿园!我不喜欢幼儿园!"。在妻子哄她的过程中,我一直在调整思路,探索和女儿交流的角度与语言。

在送千慧去幼儿园的路上,我向她传授了我经常给家长培训的"3~6岁人际交往经"。我发现在给自己女儿讲解时,我的思路更加流畅,我用儿童能够理解的语言去解释"缘分现象"。"今天爸爸要给你讲一个新的好玩的东西,它能让你消除 M 给你带来的烦恼。什么是缘分呢?缘分就是你喜欢我,我也喜欢你。每个人都希望别人喜欢她，但每个人爱好是不一样的，不可能永远保持一致。拿你喜欢的水果举例子你就会更容易明白，你爱吃草莓，那么全世界的小朋友都爱吃草莓吗？"

我停顿了几秒，千慧抬头瞅了我一眼，摇了摇头。我接着说："是的，我们不能保证每个人都喜欢草莓。我们再拿榴莲举例，奶奶和爸爸爱吃榴莲，妈妈特别害怕榴莲，我们可以说妈妈和榴莲是没有缘分的。你不喜欢 M，M 也不喜欢你，这是再正常不过的事情，说明你们现在还没有'缘分'，不要生气，不要着急，也许有一天你们又会互相喜欢上对方，又有了缘分，这就是这个世界的奇妙啊！"千慧听到这里嘴巴咧起来笑了，她的压力被释放了出来……

我又给她讲我的例子："爸爸原来也犯过一个错误，就是总希望所有的学生都喜欢爸爸。我总认为每个学生都应该跟爸爸礼貌地打招呼，而事实呢？每次带你来学校的时候，你也看到了，这么多学生中，每一次也不过只有十多个学生会跟爸爸打招呼，其实就是这十多个学生和爸爸有缘分呀！"

千慧开心地笑了，我问她："班里最有缘分的是哪几个同学呢？"她特别开心地说出了两个女同学的名字，我说："嗯，这就是需要珍惜的好朋友啊！善待自己的好朋友，就会获得快乐与幸福！"之后，我又问了问谁是和她最有缘分的人，女儿说到了妈妈、爸爸、爷爷、奶奶、姥姥、姥爷……她感觉到原来这个世界上有这么人都是喜欢她、爱她的。

"我的爸爸比别人的爸爸会哄孩子！"当我听到4岁的女儿无意中说出了这么一句"成熟"而又"稚嫩"的夸赞时，我觉得这比起今年得到的任何奖杯的分量都更重，也更让我体会到自己的价值与幸福。

向孩子道歉很重要

有位妈妈给我发了私信，想向我请教一个问题。据了解，有一天，这位妈妈下班回家，一推门看到自己6岁的宝宝正坐在板凳上聚精会神地看电视。她那天工作很不顺心，就把火撒在了孩子身上，孩子表示不服气，哭个不停，她气得要动手打孩子……就在这个时候，孩子的姥姥从屋子里冲了出来，把孩子的妈妈说了一顿。原来，姥姥答应孩子，读半个小时书之后，可以看10分钟电视作为奖励。这位妈妈觉得理亏，不知道是否需要向孩子道歉以及如何向孩子道歉。

事实上，父母尤其是母亲在孩子0~6岁阶段一直扮演着"生活权威"的角色。无论在行为、作息方面，还是情绪、语言表达方面，处处都要做孩子的"典范"。这种"约束"可能会让一些家长感到"麻烦"，可以说这种被迫的"示范"也是一次成人的社会化，它让为人父母的我们重新思考、塑造自己的生活方式。作为权威，往往需要足够的经验与威严，这是孩子信任、学习与服从的基础。有权威的人可以道歉吗？这样会不会降低威严？会不会丢掉面子？会不会使孩子不再听从我们？我非常理解年轻家长的感受，毕竟我们都是"家长"。但如果我们从孩子心理成长和人格塑造的角度来看，我们的"道歉"实际上有着重要的意义，是不可缺少的教育内容。

1. 道歉是成人之间的一种仪式，要正式而诚恳。我曾经提到过，3~6岁的孩子进入了协商期，家长要开始将孩子视为一个独立的个体与其进行对话。这个时期，孩子需要接受大量的社会交往经验，学会如何与人交往。"道歉"就是人与人之间一种建设性的交往方式，这个阶段的孩子可以接受，也可以理解，进而可以运用到生活中去。当我们做错了事情，误解了孩子，应该向孩子正式道歉，表达我们的诚意。

2. 道歉时表达要清楚而具体，让学生明白其中的原因。被人误解是不幸的，听人解释则体现了一个人的家庭教养与素质。实际上，道歉的过程是一个非常好的教育契机。有错误并不可怕，承认错误并改正错误才可以受到大家的欢迎。在遇到问题的时候，如何看待与处理问题是人格教育的核心内容，孩子会参照父母的做法去处理未来生活中的事情。

3. 加强亲子沟通，减少主观臆断。作为生活经验丰富的家长，我们会习惯性地主观判断孩子的所想所为，总觉得"我们吃的盐比你们吃的饭都多"。即使真的是这样，我们还是要考虑一下孩子探索世界的认知过程，对孩子保持信任。防止误解的最好方法，便是加强亲子沟通，减少主观臆断。

孩子口出"流星雨"，家长引导莫着急

"两个黄鹂谈恋爱，一行白鹭来挑战！"昨日，我和妻子在街边散步，恰巧有两个眉目清秀的幼童与我们擦肩而过。他们两个在嘴里嘟哝着文章开头的那就话。听后，我忍俊不禁。我一点儿也没觉得世风日下，反而觉得时代真的进步了，简直可喜可贺！且听我慢慢道来：

在我像眼前两个小娃子这么大的时候，我也会和三两好友互相嘟囔着流行语。如"天马流星拳，你妈练猴拳！""庐山升龙霸，你妈打你爸！"当我们发现这些语言成为共同话题之后，男孩子之间似乎发现了知音，也增进了深厚的友谊。现在想来，那些当年的流行语实际上被打上了深深的日系烙印，这些语言完全是从盛行一时的日本漫画中引申而来的。我们都曾被日本漫画中英俊的形象、紧凑的节奏、引人入胜的情节所吸引。可以毫不夸张地说，日本漫画开启了很多中国孩子的想象力，甚至改变了中国孩子的生活。与此同时，一些专家大声疾呼，防止文化侵略，抵制日本娱乐产品！之后，我们渐渐发现日本的漫画少了，视听

产品也少了，可是中国孩子的想象力并没有进步，创造力也没有进步，真正优秀的国产漫画在没有竞争的环境下，也没有得到迅猛发展。我只是想对当时的专家说，日本的优秀动漫作品不是文化侵略，问题的关键在于我们所教育的孩子缺乏文化免疫力，归根结底是我们教育的败笔。

而昨日我听到的"两个黄鹂谈恋爱，一行白鹭来挑战"这句话，里面已没有日系烙印，而是带有浓厚的国学色彩。我想，又会有专家出来充当卫道士，说什么"幼童就谈论'恋爱'话题，这是早熟"。家长听完，立刻觉得"杜绝早恋"要从娃娃抓起，弄得娃娃人心惶惶。

事实上，幼童在说这些流行语的时候，也许并没有思考这句话的意思，只是对"恋爱"这类词语表示最浅层次的好奇。而这份好奇原本也来自大人的语言和媒体的强调。当然，孩子过早涉及这样的话题也自然要引起我们的注意。作为家庭教育者或是父母，我们能做什么呢？我们不能全盘否定，也不能完全忽视，而是要积极引导，让孩子理解事物积极的一面。

1. 表达你的理解和兴趣。当你发现孩子正在说这些流行语时，千万不要制止他，因为这些流行语是孩子社交圈中的共同话题。我们可以说："这句话真的很有趣！""你背得很熟啊！"切记，我们的赞美要真诚而自然。

2. 超级访问。孩子喜欢聊他们感兴趣的话题，所以，当发现你并不排斥他们的"语言"后，他们一定喜出望外。这时候家长先不要发表自己的观点，而是做一个"记者"去采访你的宝宝。如："这句话是什么意思呢？""这句话好像和哪首诗比较像哦！"切记，不要带有批评色彩，尽量问开放性的问题。这样一来，利用他们感兴趣的话题，不仅训练了他们的理性思考能力，也开阔了他们的视野。

3. 引导升华。这是最关键的一步，也最能看出家长的教育水平。只强调家长的观点为下品，只肯定孩子的观点为中品，结合客观事实的观点为上品。我曾经举过一个奥特曼的例子，家长反感孩子看奥特曼，我就说奥特曼如果运用得当，也是非常好的"教具"，几个问题就能训练孩子的全面思维："奥特曼有几个？"训练了数学思维；"奥特曼长什么样？有什么区别？"训练了形象思维；"奥特曼为什么来到地球？"培养了正义感与责任感；"奥特曼是怎么和怪兽决斗的？"激发了孩子关于面对困难与挑战的思考——这些问题围绕孩子的兴趣点展开，训练也就变得事半功倍！当孩子说出"两个黄鹂谈恋爱，一行白鹭来挑战"这样的话时，不必惊讶。要知道，现在电视上到处都是"相亲"节目，"恋爱"话题对孩子来说也早就不是什么秘密，我们何必遮遮掩掩呢？不过，一定要把握分寸，不是让孩子全面了解，而是让孩子整体了解。你可以问他："宝贝，恋爱是什么？"孩子一定会给你一个肤浅的答案，没关系，先肯定他，然后我们可以给出一个定义，一个不太科学但是客观的概念："你刚才说的对，恋爱其实就是一种很正常很自然的关系，发生在成熟的男性女性之间，等到你长大成熟的时候，你自然就会体会到了。"这样一来，不仅解决了孩子的问题，也消除了后顾之忧。孩子至少在短期内不会"谈恋爱"，同时也并不会觉得"恋爱"可耻。生活中有太多的案例揭示出家长在孩子幼年时使用了过激的词语，导致孩子对于"恋爱""男人"一直保持着敌意，从而影响了他们一生的幸福。

除了关键词，你还可以帮助孩子扩展流行语的趣味之处，比如让孩子动手去画，发挥他们的想象力与创造力；让孩子去扩句成文，发挥他们的表达力与想象力；带孩子去动物园参观，让孩子看看大自然的真实场景。这些做法都可以起到"引导升华"的作用。

孩子说了什么并不重要，重要的是让他们下一次说得更精彩。

怎么和有网瘾的孩子沟通

作为互联网时代的原住民，现在的孩子们正在通过互联网体验、学习、传承着属于这个时代的文化。互联网给孩子们带来了很多益处：通过在网上搜索资料或信息，可以完成教师交付的综合实践作业；通过互联网可以结交天南海北的朋友，开阔自己的思维与视野；通过上传自己的影视、文学作品，可以让伙伴们与网友品评与指教……互联网提供了一种开阔的生活方式，尊重个性的发展，为个人搭建了一个广阔的平台。很多家长听到网络的时候，却表示非常担心，因为他们的孩子正在不科学、不健康地使用网络，俗称"上网成瘾"。儿童上网成瘾主要包括网络游戏上瘾、网络聊天上瘾和网络检索上瘾几种情况。

家长对于孩子上网成瘾的错误做法大概有三种：一、严厉批评；二、断网；三、利用一些科技手段窃听、偷看或其他方式粗暴干涉。事实上，孩子上网成瘾是一种心理问题，是对于网络过分依赖，以及缺乏对现实生活的兴趣与适应能力的体现。我们需要通过比较合理的方式，让孩子意识到网络成瘾的弊端，从而重新回到现实生活中来。粗暴的阻止必然给孩子的心理带来巨大压力，有很多网络成瘾的孩子因为父母的阻止而最终选择网吧过夜或离家出走，甚至因为缺钱而走上违法犯罪的道路。我们经常在网上看到一些关于帮助孩子远离网瘾的文章，戒除网瘾是一个过程，中途可能还会出现反弹，作为家长的我们应该如何与孩子进行沟通？

1. 情绪的抚慰。由于依赖，人们往往很容易将感情深陷其中，这个时候，我们需要对其进行理解与情绪抚慰，毕竟，他们还是孩子。家长可以用这样一些语言，"我理解你的难处！""这可能需要一个过程，不要着急！""你的困难，我们可以一起来解决！""我们相信你！"

2. 重新认识沟通的目的。很多家长把沟通的目的视为"戒除网瘾"，所以每一次的对话都是开门见山，直奔主题。"为什么还在上网呢？""为什么总是关注这个明星呢？""为什么把时间都耽误在上网上？"这样的语言实际上是一种符号暴力，会让对方感到很大的压力，从而拒绝合作。实际上，沟通的第一目的是情感的增进。从某种情况讲，对于网络的迷恋，也证明了家庭生活或亲子生活的匮乏，这一点值得家长反思。正是因为亲子互动较少，孩子缺乏生活内容的引领，所以他们才会投身于网络的怀抱。家长对孩子多一些温暖的关心，少一些责问，有助于亲子关系的维护。

3. 倾听孩子上网的诉求。很多家长很喜欢"先声夺人"，不给孩子任何"发言"的机会，其实这种亲子沟通的方式不利于网瘾问题的解决。我们需要给孩子一些时间来改正，前提便是我们需要相信我们的孩子。孩子上网的初衷一定是出于孩子的兴趣，培养兴趣本身并没有错，我们只是希望提供一种更加合理、更加健康的方式与方法。因此，我们需要全面了解孩子的兴趣，这就需要我们耐心地倾听孩子的心声。只有受到尊重之后，他们才愿意听从我们的评价与建议。

4. 沟通内容要考虑孩子的兴趣。很多孩子之所以不愿意与家长交流，而选择与网络交流，是因为在网络交流中很容易找到感兴趣的话题与内容。我们经常会听到很多孩子说："妈妈老土了，连这个明星都不知道！""爸爸和我玩的游戏不是一个时代的！"作为家长，我们要学会尝试与接触新鲜的事物，如果我们可以在线下多与孩子交流他们感兴趣的话题，他们也会很愿意与我们进行沟通，在此基础上我们再进行正面引导就会更加方便。如果我们一味地否定孩子的兴趣取向，就会激发孩子的叛逆情绪，从而导致他更容易选择线上的方式来寻求自由与解脱。

5. 与孩子保持理性的"商谈"。有些家长在教育子女方面，总会出现"因噎废食"的做法，比如在网瘾这件事情上，有些家长会采用"断网"的极端方式来解决。事实上，网络是没有错的，上网给人们带来了那么多的资源与便利，家长"断网"反而让孩子错误地认识了网络。在进行理性的商谈式的沟通时，我们要和孩子客观公正地陈述网络中可能会出现的各种情况，让孩子全面认识网络问题。

从"网上"下来，我们要引导孩子安排好自己的生活、学习，做好人生规划。有一点很重要，那便是要增加亲子互动。家长的示范，会让孩子更快地学会适应社会环境的方法。

如何开展防性侵教育

儿童性侵犯现象最近在媒体上被频繁报道，这引起了全社会的关注。面对复杂的社会问题，我们可能一时找不到解决的途径。但是作为家长，如何提高孩子的自我保护意识，教授自我保护的方法，可以说是降低危害的最有效方法。我觉得在与孩子交流这个话题的时候,应该注意以下原则。

1. 对于社会的客观评价。社会就像人一样,有自身的优点,也有不足或缺陷。很多家长为了给孩子营造阳光的心态,把社会描绘成一个完美的乐园,这实际上就是一种误导。它所带来的最直接的影响是让孩子卸下了心理防备。我一直提倡理性教育与客观教育,建议家长在与孩子讨论社会问题时,将其一分为二。就像我们那句老话,害人之心不可有,防人之心不可无。

2. 提前教育。很多家长对于孩子的安全教育处于忽视状态,认为学习与健康比较重要,而对于孩子的安全问题抱有侥幸心理。我认为在孩子3~6岁的时候,我们就应该对孩子进行人身安全的教育。3~6岁的年龄段,恰逢人际交往的训练期,应该让自我保护的意识在孩子心中落地生根。

3. 语言的科学性。很多家长喜欢用小麻雀、小香蕉来形容男孩子的外生殖器,这种诙谐的表达使孩子们无法正视自己的隐私,反而让他们觉得是一件很好玩的事情。事实上,男孩子的阴茎、睾丸与女孩子的阴唇、阴道等和我们的眼睛、鼻子一样,都是人的普通器官,它们只是功能各异罢了。刻意的回避或神秘化,只能让孩子对性知识缺乏正确了解,对于自我保护意识的形成也不利。另一方面,让孩子正确了解身体的构造,当他们出现不适、疾病或者其他伤害时才可以更清楚地与家长进行描述。

4. 行为的文明化。现在大家有一种普遍认识,叫作"内衣与内裤遮盖的部位别人不许碰"。这在美国等西方国家早已被写入法律，并对违法者进行严惩。我们要培养孩子从小保护自己的私密部位，包括家长在内，没有特殊情况不能触碰。当发现孩子有以生殖器官为嬉戏对象的行为时，我们应该严厉制止，但不要使用任何威胁恐吓的语言。

5. 原则教育与独立教育。对于身体的保护一方面体现了个人原则，一方面也体现了独立程度或成熟程度。从小培养孩子的原则意识与独立意识对于孩子的影响非常大。我们鼓励孩子有自己的思考，当遇到违背自己意愿的情况时能够学会拒绝。从这个层面讲，我们应该多给孩子一些空间，允许他们有自己合理的判断与选择，而不是将他们培养成"顺从的羔羊"。

在一个社会的转型过程中，社会规范会变得不太清晰，社会对于人们的约束也在减弱，所以人们会出现一些不合理的行为。但是这并不意味着我们可以为所欲为，因为人性高于社会性。对于儿童性侵犯，成年人应该有足够的理性意识去判断与自我约束，因为这是违背人伦的，将遭到内心的谴责与整个社会的唾骂。

相对于儿童，成年人拥有社会权力，可以较为方便地指挥与控制孩子的行为，也正因为如此，我们对儿童有更多的责任与义务。人性会因为受到环境的影响而发生偏移，如果做了伤天害理的事情而不被惩处，就会有更多的人随波逐流，传播负能量，整个社会风气就会变坏；当我们向儿童传递正能量，整个社会会变得积极向上，我们的孩子们也会对未来充满信心，我们的民族才有希望。